PDF
仕事がはかどる!
効率UP術

リンクアップ

Bunko!
今すぐ使える かんたん 文庫

技術評論社

はじめに

PDFでは複数のページからなる文書を扱えるほか、テキスト以外にも図や写真を組み合わせて、あらゆる種類の文書を作成できます。そのため、インターネット上で配布する取扱説明書や電子書籍など、さまざまな分野の文書で採用されています。

PDF（Portable Document Format）とは、アドビシステムズが開発した電子文書のフォーマットです。閲覧者側の環境に依存せず、どの環境で表示しても同じように閲覧・印刷できるのが大きな特徴です。ワープロソフトやテキストエディターで作成したファイルを、WindowsとMacなど異なるOS間で共有すると、しばしば文字化けやレイアウトの崩れなどの問題が生じます。しかしPDFであれば、どんな環境でも同じようにレイアウトが保持されるため、とくにビジネスの場面においては、多くの文書がPDFでやり取りされています。

本書では、主にアドビ社のオフィシャルビューアーである「Adobe Acrobat Reader DC（本書ではAcrobat Readerと表記）」や、無料で使えるソフトを使用して、「仕事に役立つ」という観点で厳選した98の技を紹介しています。
　また、最近ではスマートフォンでPDFファイルを閲覧・編集することも多いので、スマートフォンで使える項目も盛り込みました。閲覧や作成、編集、印刷など、PDFを利用する上で想定される、さまざまな場面に対応できるようになっています。さらに付録として、PDFをもっと快適に利用するための、おすすめの閲覧・編集ソフトやWebサービスを紹介しています。
　PDFを使いこなすことができれば、仕事に限らずいろいろな作業が効率化されます。本書が少しでも、そのお役に立てれば幸いです。

Acrobat Reader について

ここでは、Acrobat Reader の画面を構成している各部の名前や役割を確認する。なお、Windows 8.1 の初期設定では、PDF の閲覧に「リーダー」というアプリが設定されている。そのため、最初にアドビ社の公式サイト（https://get.adobe.com/jp/reader/）にアクセスして、Acrobat Reader をインストールしておこう。

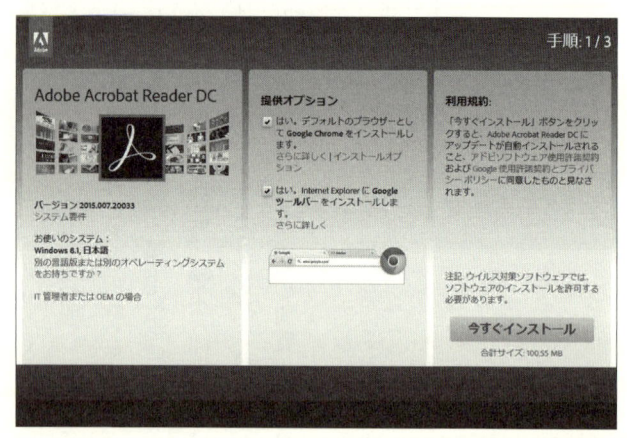

Acrobat Readerのインストールページ

▼画面構成

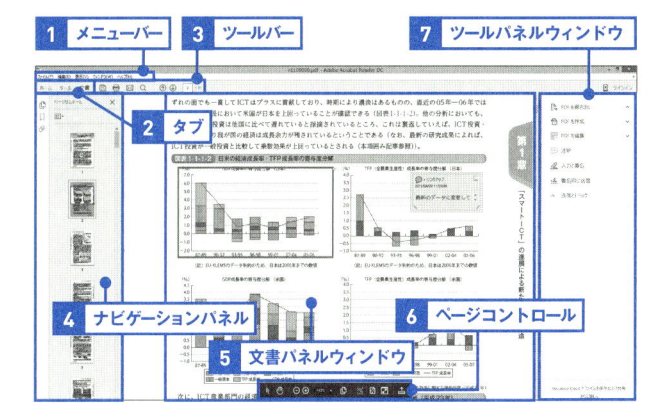

1 メニューバー
2 タブ
3 ツールバー
4 ナビゲーションパネル
5 文書パネルウィンドウ
6 ページコントロール
7 ツールパネルウィンドウ

1 メニューバー

さまざまな設定を行うためのメニューが並んでいる。

2 タブ

PDF を表示する「文書」画面と、「ホーム」画面、「ツール」画面を切り替えることができる。

3 ツールバー

印刷や、表示ページの切り替えができる。

4 ナビゲーションパネル

各アイコンからさまざまな文書情報を参照できる。

5 文書パネルウィンドウ

開いている PDF ファイルの内容が表示される。

6 ページコントロール

拡大／縮小やスクロールのオン／オフなど、PDF の表示状態を変更できる。

7 ツールパネルウィンドウ

各パネルから目的別にタスクをたどって、すばやく作業を開始できる。

Contents 目次

はじめに……2
Acrobat Readerについて……4

第1章 [閲覧編] これは快適！閲覧の効率UP術 15

- 001 Acrobat ReaderでPDFを表示する……16
- 002 マウスで拡大／縮小する……18
- 003 文字や画像を部分的に拡大する……20
- 004 前後のページをすばやく表示する……22
- 005 ページを指定して閲覧する……24
- 006 サムネールで目的のページを探す……26
- 007 PDFの表示方法を変更する……28
- 008 PDFの向きを変更する……30
- 009 テキストをコピー＆ペーストする……32
- 010 PDFの中の図だけを取り出す……34
- 011 スナップショットで任意の範囲を画像に変換する……36
- 012 PDFを検索する……38

6

第2章 作成編
これは便利！ 作成の効率UP術 55

- 013 複雑な条件で検索する
- 014 ほかの人のコメントを確認する
- 015 ほかの人のコメントを一覧から探す
- 016 特定の人のコメントだけを表示する
- 017 自動スクロールでさくさく閲覧する
- 018 複数のPDFをまとめて表示する
- 019 スマートフォンでPDFを閲覧する
- 〈コラム〉複数のPDFソフトを使う際の注意点

- 020 Wordの文書をPDFに変換する
- 021 ExcelのシートをPDFに変換する
- 022 OfficeファイルをインターネットでPDFに変換する
- 023 WebページをPDFに変換する
- 024 スキャナで読み取った文書をPDFにする
- 025 スキャンしたPDFの「テキスト検索」を可能にする
- 026 OCRソフトで「テキスト検索」を可能にする

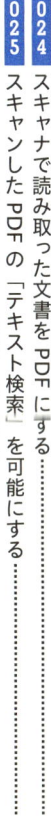

第3章 【編集編】これは最強！編集の効率UP術 87

- 027 スキャンしたデータが薄くて見えない……70
- 028 領収書やレシートをPDFにする……72
- 029 冊子やパンフレットをPDFにする……74
- 030 スキャンしたページをスマートフォンに直接保存する……76
- 031 仮想プリンターを使ってPDFを作成する……78
- 032 スマートフォンで資料をスキャンしてPDFにする……80
- 033 Googleドライブのファイルをpdf化する……82
- 034 入力欄のあるPDFを作成する……84
- 〈コラム〉PDFの利点とは……86

- 035 分割して必要なページだけを抽出する……88
- 036 複数のPDFを1つにまとめる……90
- 037 カラーのPDFを白黒に変換する……92
- 038 タイトルや作者を追加する……94
- 039 PDFにテキストボックスを追加する……96
- 040 好きな場所に直接テキストを入力する……98

041 間違った部分に取消線を引く	100
042 ラインマーカーで強調する	102
043 PDFにコメントを挿入する	104
044 PDFに手書きで文字を書く	106
045 ブックマークを挿入する	108
046 目次を作成する	110
047 コメントの色を変更する	112
048 PDFに新しい図版を挿入する	114
049 PDFに電子印鑑を挿入する	116
050 編集した内容を削除する	118
051 PDFにWebページのリンクを追加する	120
052 不必要な透かしを削除する	122
053 PDFの不要な部分をトリミングする	124
054 向きを回転して保存する	126
055 2ページのPDFを1ページにまとめる	128
056 スマートフォンでPDFを編集する	130

〈コラム〉編集したPDFをメールにすばやく添付する……132

第4章 【印刷編】 これは必須！ 印刷の効率UP術 133

- 057 部数を指定して印刷する ……134
- 058 必要な部分だけを指定して印刷する ……136
- 059 今表示しているページを指定して印刷する ……138
- 060 サムネールを選択して印刷する ……140
- 061 片面ずつ印刷して両面印刷する ……142
- 062 白黒印刷でインクを節約する ……144
- 063 出力サイズを決めて印刷する ……146
- 064 両面印刷でまとめて印刷する ……148
- 065 複数のページを1枚の紙に印刷する ……150
- 066 1つのページを複数の用紙に分けて印刷する ……152
- 067 注釈が見えるように印刷する ……154
- 068 注釈の一覧を印刷する ……156
- 069 PDFを小冊子にする ……158
- 070 GoogleドライブのPDFを印刷する ……160
- 071 コンビニプリントでPDFを印刷する ……162

〈コラム〉小冊子を作成するときの注意点 ……164

第5章 活用編

これは衝撃！一歩上行く活用術 165

- 072 いつも使うPDFビューアーを設定する……166
- 073 複数のPDFファイルをまとめて検索する……168
- 074 コメントに返信してやり取りする……170
- 075 サイズの大きなPDFファイルを圧縮する……172
- 076 PDFをWord文書に変換する……174
- 077 PDFをExcel文書に変換する……176
- 078 ツールバーをカスタマイズする……178
- 079 GoogleドライブにPDFをアップロードする……180
- 080 GoogleドライブでPDFを管理する……182
- 081 GoogleドライブでPDFを共同編集する……184
- 082 DropboxでPDFを共同編集する……186
- 083 容量の大きなPDFをDropbox経由で送信する……188
- 084 PDFをEvernoteで活用する……190
- 085 PDFファイルの表紙を確認する……192
- 086 ファイルを開かずにPDFファイルの中身を確認する……194
- 087 iPhoneにPDFを取り込む……196

第6章

〈セキュリティ編〉

これは安心！ セキュリティ対策術 205

- 088 Android に PDF を取り込む............198
- 089 Google ドライブ経由でスマートフォンに PDF を取り込む............200
- 090 パソコンとスマートフォンをモバイルリンクでつなぐ............202
- 〈コラム〉Adobe ID でサインインするメリット............204

- 091 社外秘の PDF にロックをかける............206
- 092 PDF にかけたロックを解除する............208
- 093 印刷や編集を制限する............210
- 094 PDF のパスワードを忘れてしまった............212
- 095 詳細なセキュリティをかける............214
- 096 フォルダにパスワードをかける............216
- 097 文章の一部を黒く塗りつぶしたい............218
- 098 スマホでロックのかかった PDF を表示する............220
- 〈コラム〉PDF のセキュリティ解除に伴う危険............222

付録 便利なソフト&アプリをインストールする……223

索引……255

◎免責

本書に記載された内容は、情報の提供のみを目的としています。したがって、本書を用いた運用は、必ずお客様自身の責任と判断によって行ってください。これらの情報の運用の結果について、技術評論社および著者、ソフトの提供者はいかなる責任も負いません。

ソフトに関する記述は、2015年4月現在での最新バージョンをもとに掲載しています。ソフトのバージョンアップにより、本書での説明とは機能や画面などが異なってしまうことがあります。また、価格や名称が変更されていたり、アプリそのものがなくなっている場合があります。あらかじめご了承ください。

本書ではWindows8.1搭載パソコンと、iPhone6、Xperia Z3 SOL26（Android4.4.4）を使って操作方法を解説しています。ソフトウェアの画面など、ご利用時には変更されている場合があります。

以上の注意事項をご承諾いただいた上で、本書をご利用願います。これらの注意事項をお読みいただかずに、お問い合わせいただいても、技術評論社および著者は対処しかねます。あらかじめ、ご承知おきください。

◎商標、登録商標について

本文中に記載されている会社名、アプリ名、製品名などは、それぞれの会社の商標、登録商標、商品名です。なお本文にTMマーク、®は明記しておりません。

第 1 章

閲覧編

これは快適!
閲覧の効率UP術

001

Acrobat ReaderでPDFを表示する

ここがポイント！ メニューバーから「ファイル」→「開く」でPDFを表示する

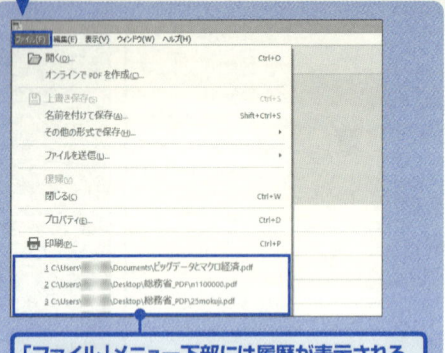

「ファイル」メニュー下部には履歴が表示される。

Acrobat ReaderでPDFファイルを表示するには、「メニューバー」を使う。メニューバーから「ファイル」→「開く」を選択すると、一画面が表示されるので、表示したいPDFファイルを選択しよう。

なお、一度表示したことがあるファイルは、「ファイル」メニューの下部に履歴が表示される。すでに**表示したことがあるPDFファイル**を再度表示する場合は、こちらから選ぶとさらにかんたんだ。

[Acrobat Reader]

16

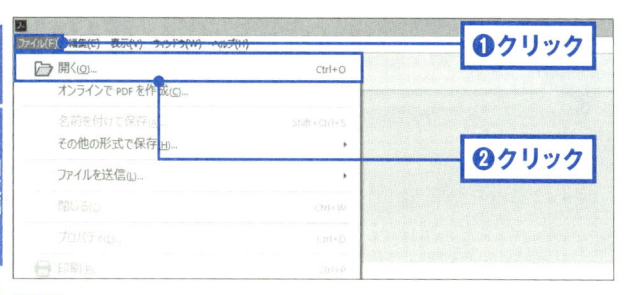

1 メニューバーから「ファイル」をクリックして❶、「開く」をクリックする❷。

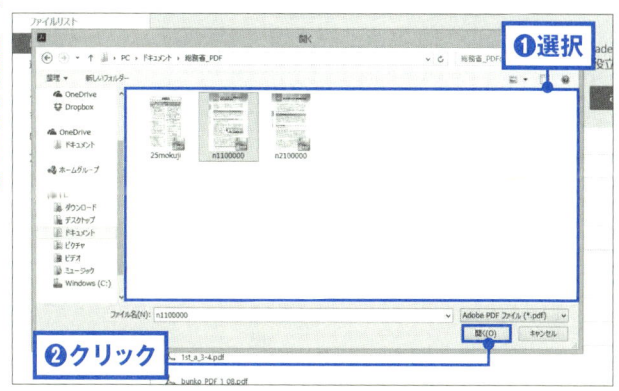

2 「開く」画面が表示されるので、表示したいPDFファイルを選択して❶、「開く」をクリックする❷。

★One Point !★

「開く」画面右上の「ドキュメントの検索」欄を使えば、目的のPDFファイルをキーワードで検索できる。

002

マウスで拡大／縮小する

ここがポイント！ Ctrlキー＋マウスホイールで拡大／縮小が可能

⊖⊕をクリックするよりすばやく変更できる。

文字が小さくて読みづらかったり、細かい部分をチェックしたいときは、PDF文書を拡大しよう。PDF文書の拡大／縮小は、
(1) メニューバーから「表示」→「ズーム」を選択する
(2) ページコントロールバーの「ズームイン」「ズームアウト」ボタンを使う
といった方法があるが、実はもっとかんたんなやり方がある。それは、**マウスのホイール**を使う方法だ。

[Acrobat Reader]

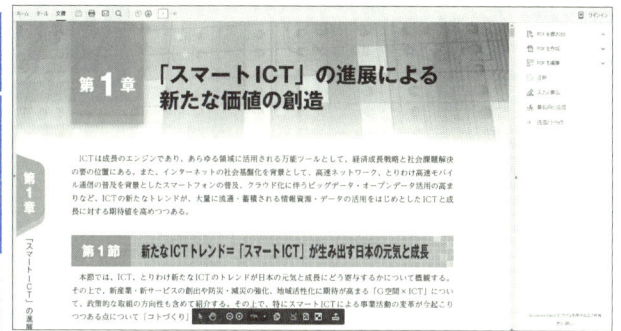

第1章 閲覧編 これは快適！閲覧の効率UP術

「スマートICT」の進展による新たな価値の創造

1 Ctrlキーを押しながらマウスホイールを上に回転させると拡大する。

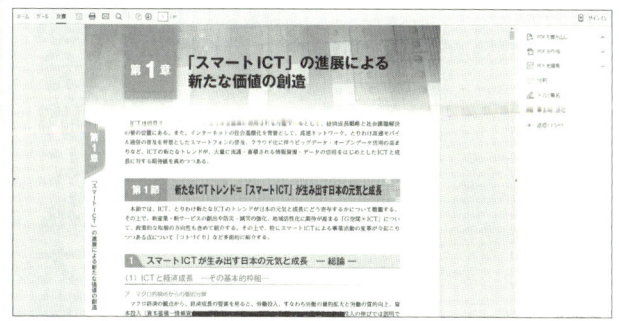

2 Ctrlキーを押しながらマウスホイールを下に回転させると縮小する。

★One Point !★

キーボードの「テンキー」を使えば、キーボードだけで拡大／縮小も可能だ。
Ctrlキー＋+キーでPDF文書を拡大、Ctrlキー＋-キーで縮小できる。

003

文字や画像を部分的に拡大する

ここがポイント! 見たい箇所だけ拡大できる

右クリックして「マーキーズーム」を選択する。

PDFを利用している際、特定の図や文字が見づらい場合にどうするか。もちろん、「ズームイン」「ズームアウト」ボタンを使って文書全体を拡大／縮小してもよいが、部分的に拡大するなら「マーキーズーム」という便利な方法がある。文書を右クリックして「マーキーズーム」を選択する。マウスをドラッグして範囲指定すると、指定箇所だけを部分的に拡大できるので非常に便利だ。

[Acrobat Reader]

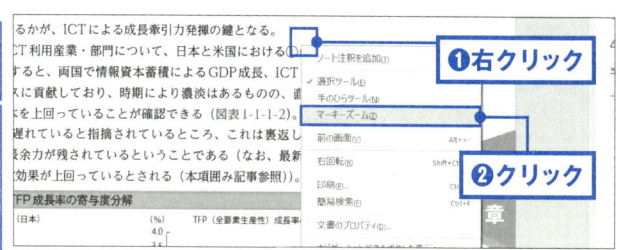

るかが、ICTによる成長牽引力発揮の鍵となる。
ICT利用産業・部門について、日本と米国における
すると、両国で情報資本蓄積によるGDP成長、ICT
に貢献しており、時期により濃淡はあるものの、直
を上回っていることが確認できる（図表1-1-1-2）。
遅れていると指摘されているところ、これは裏返し
る余力が残されているということである（なお、最新
効果が上回っているとされる（本項囲み記事参照））。

1 右クリックして❶、「マーキーズーム」をクリックする❷。

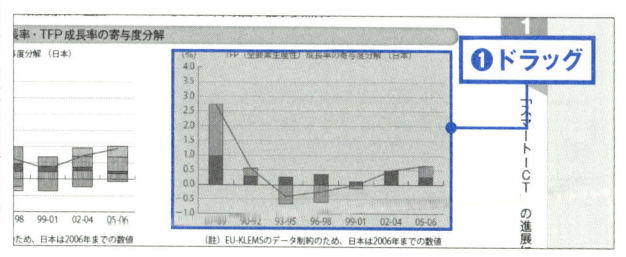

2 マウスをドラッグして❶、拡大する範囲を指定する。

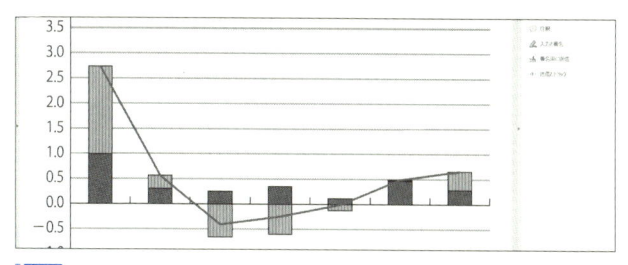

3 指定箇所だけが部分的に拡大される。

004

前後のページをすばやく表示する

ここがポイント！ Ctrlキー＋PgUp／PgDnキーで前後のページをすばやく表示できる

⇧⇩をクリックするよりすばやく表示できる。

Acrobat Reader上では、マウスホイールを使ってページをスクロールさせるのが基本だ。しかし、画像が大量に入ったPDFなどでは、この方法だと表示にもたついたり、スクロールがぎこちなくなる場合が多い。

そのような場合は、**キーボード**を使おう。Ctrlキーと、PgUp／PgDnキー（または←／→キー）を同時押しすれば、ページをすばやく切り替えることができる。

[Acrobat Reader]

22

これは快適！閲覧の効率UP術

1. **PgUp** / **PgDn** キーだけだと、ページの区切りに関係なく前後が表示されてしまう。

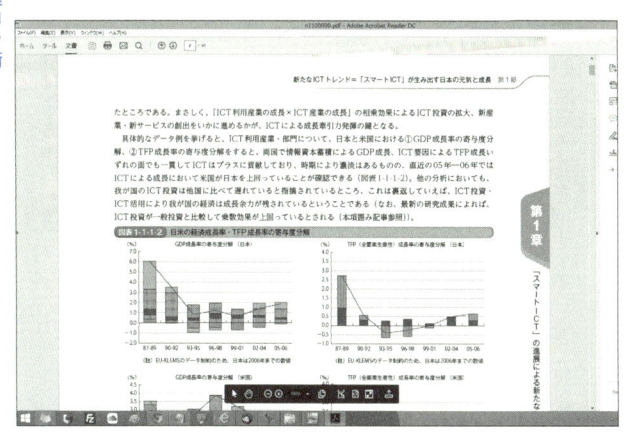

2. **Ctrl** キーと、**PgUp** / **PgDn** キー（または ← / → キー）の同時押しなら、区切りごとに、ページ単位でPDFを表示できる。

23

005

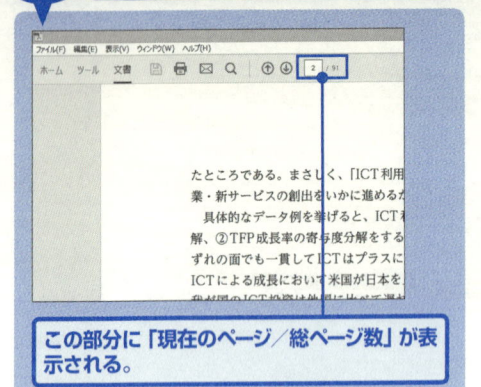

ページを指定して閲覧する

ここがポイント! 「ページナビゲーション」で見たいページにジャンプできる

> この部分に「現在のページ／総ページ数」が表示される。

PDF文書全体に目を通すのではなく、読みたいページがわかっている場合は、マウスホイールでページをスクロールさせるより、直接読みたいページを**指定してジャンプ**する方が便利だ。そういった場合は、Acrobat Readerの「ツールバー」にある「ページナビゲーション」を使おう。

表示したいページを数字で入力して Enter キーを押すと、一発で対象のページが表示できる。

[Acrobat Reader]

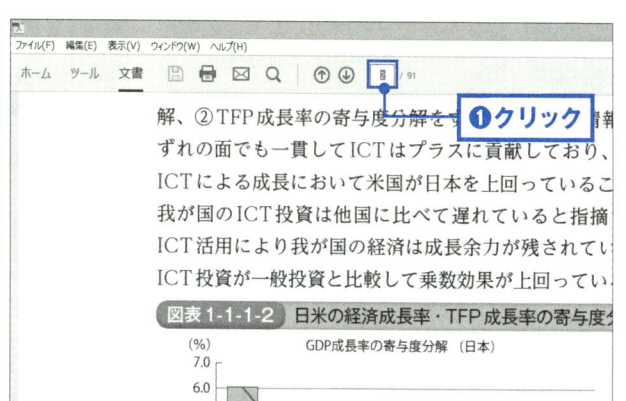

> 解、②TFP成長率の寄与度分解を〔...〕情報
> ずれの面でも一貫してICTはプラスに貢献しており、
> ICTによる成長において米国が日本を上回っているこ
> 我が国のICT投資は他国に比べて遅れていると指摘
> ICT活用により我が国の経済は成長余力が残されてい
> ICT投資が一般投資と比較して乗数効果が上回ってい
>
> 図表1-1-1-2　日米の経済成長率・TFP成長率の寄与度分
> (%)　　　GDP成長率の寄与度分解（日本）
> 7.0
> 6.0
> 5.0

❶クリック

1 「ページ番号入力」欄をクリックすると❶、入力欄がアクティブになる。

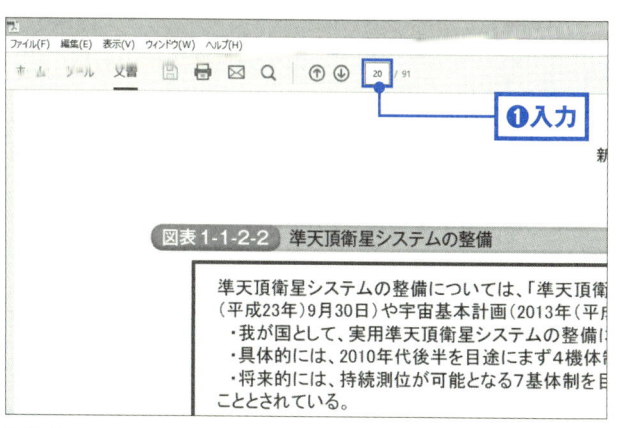

> 20 / 91

❶入力

> 図表1-1-2-2　準天頂衛星システムの整備
>
> 準天頂衛星システムの整備については、「準天頂衛
> （平成23年）9月30日）や宇宙基本計画（2013年（平成
> ・我が国として、実用準天頂衛星システムの整備に
> ・具体的には、2010年代後半を目途にまず4機体制
> ・将来的には、持続測位が可能となる7基体制を目
> こととされている。

2 見たいページを数字で入力して❶、Enterキーを押すと対象のページが表示される。

25

006

サムネールで目的のページを探す

ここがポイント！ サムネール表示なら目的のページが探しやすい

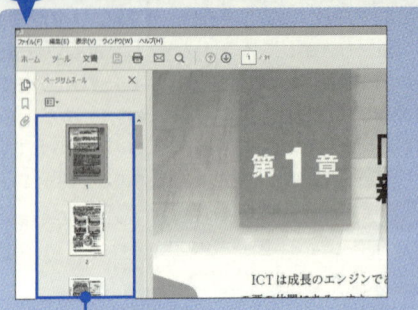

表示しているPDF文書内のすべてのページがサムネール表示される。

P.24の「ページを指定して閲覧する」にて、特定のページを一発で表示する方法を解説したが、「見たいページのページ番号」を覚えている人は少数派かもしれない。紙の本でも、通常は「目次」で、ページ番号を探すはずだ。

目的のページ番号がわからない場合は、Acrobat Readerの「**ページサムネール**」機能を使おう。サムネールからであれば、ページの大まかな内容を確認できる。

[Acrobat Reader]

1 🗐をクリックする❶。表示されていない場合は、画面左端の▶をクリックする。

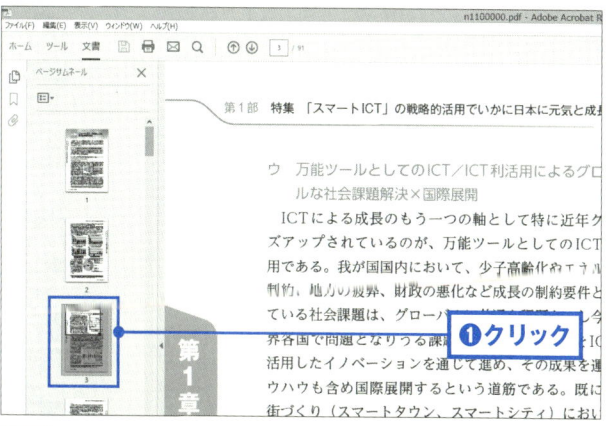

2 PDF文書のページがサムネール表示される。サムネールをクリックすれば❶、そのページを表示できる。

★One Point !★

「ナビゲーションパネル」は、🗐を再度クリックする、もしくは「ナビゲーションパネル」右上の×をクリックすると最小化される。なお、サムネールが小さくて目的のページを探しづらい場合は、▤-をクリックし、「サムネール画像を拡大」をクリックすれば、サムネールを拡大できる。また、ナビゲーションパネル上で Ctrl キー＋マウスホイールでも、拡大／縮小が可能だ。

007

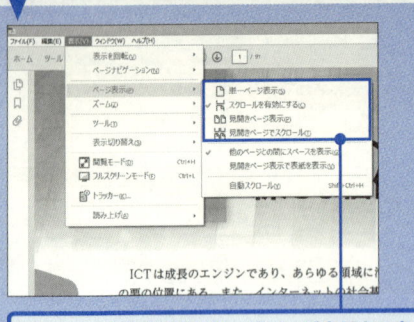

PDFの表示方法を変更する

ここがポイント！ Acrobat Readerの表示方法は全部で4つ

> メニューバーから「表示」→「ページ表示」で表示方法を変更できる。

初期状態のAcrobat Readerは、ページの継ぎ目でジャンプしない。だが、1ページずつスキャンされたPDF形式のオンライン・マニュアルなどは、2ページ1単位の「見開き」で表示した方が読みやすい。また、本のページをめくるように、1ページ単位で表示したい場合もあるだろう。PDFの表示方法は、Acrobat Readerのメニューバーから表示形式を4種類に切り替えることができる。

[Acrobat Reader]

「単一ページ表示」モード。ページ末まで表示すると、次ページに一気にジャンプする。

「スクロールを有効にする」モード。ファックスのロール紙のような表示モードで、ページの継ぎ目でジャンプしない。Acrobat Readerのデフォルト設定。

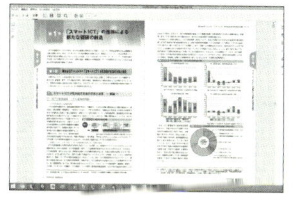

「見開きページ表示」モード。PDF文書を2ページ単位の「見開き」で表示するモードで、本の表示に最も近い。なお、この表示モードを選択すると、自動的にAcrobat Readerの「ズームモード」が「ページレベルにズーム」に変更される。

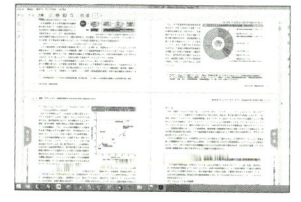

「見開きページでスクロール」モード。こちらも2ページ単位の「見開き」でPDF文書を表示するが、ページ末でのジャンプは行われない。なお、この表示モードを選択すると、自動的にAcrobat Readerの「ズームモード」が「幅に合わせる」に変更される。

★One Point!★

Acrobat Readerの表示モードは、「ズームモード」、つまりPDF文書の縮尺自動変更機能と組み合わせることで真価を発揮する。Acrobat Readerの「ズームモード」は、メニューバーから「表示」→「ズーム」で切り替えられる。

008

PDF文書の表示の向きは自由に変えられる

ここがポイント！

メニューバーから「表示」→「表示を回転」を選択する。

PDFの向きを変更する

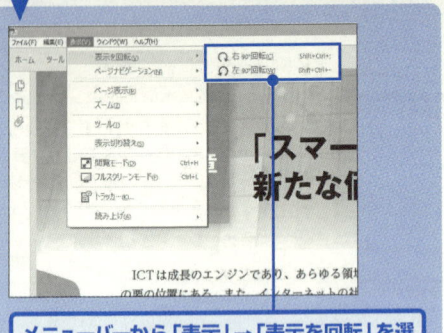

写真や図入りのPDF文書の場合には、向きが正しくても、横にして見てみたい場合もあるだろう。PDF文書の向きはかんたんに変えられる。メニューバーから「表示」→「表示を回転」を選択すると、PDF文書を右、あるいは左に90度ずつ回転させて表示できる。なお、ここで説明したPDF文書の回転操作は、あくまで表示方法を変更するだけで、元データ自体に改変を加えるわけではないので、安心してほしい。

[Acrobat Reader]

第1章 閲覧編

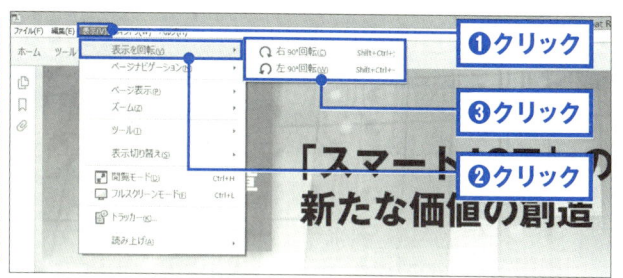

これは快適！閲覧の効率UP術

1 メニューバーから「表示」をクリックして❶、「表示を回転」をクリックし❷、回転したい方向をクリックすると❸、PDF文書の向きを変更できる。

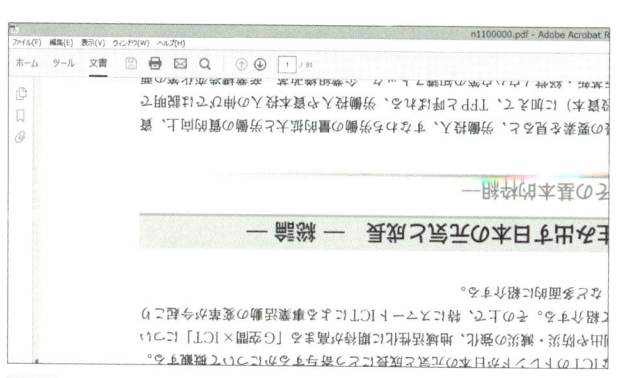

2 さらに回転させると、PDF文書を逆さに表示することもできる。

★One Point!★

表示の回転は、キーボードからもできる。Shiftキー+Ctrlキー+;キーで右に90度回転する。Shiftキー+Ctrlキー+-キーで左に90度回転して表示される。

009 テキストをコピー&ペーストする

ここがポイント! ドラッグ&右クリックでコピー可能

Ctrlキー+Cキーでコピー、Ctrlキー+Vキーでペーストができる。

[Acrobat Reader]

PDFの最大の利点は、ファイル内に「文字情報」が保存されていることだ。そのため、通常のテキストファイルやWord文書などと同様に、PDF文書内のテキストは、「マウスのドラッグ」→「右クリック」→「コピー」で自由にコピーできる。コピーしたテキストは、ほかのワープロソフトなどで自由に利用可能だ。

なお、PDFにテキストをペーストすると、テキストボックスが追加される。

「スマートICT」の進展による新たな価値の創造

長のエンジンであり、あらゆる領域に活用される万能ツールとして、経済成長戦略と社会課題解決にある。また、インターネットの社会基盤化を背景として、高速ネットワーク、とりわけ高速モバ及を背景としたスマートフォンの普及、ク　　　　　　　　　　　　　タ・オープンデータ活用の高まTの新たなトレンドが、大量に流通・蓄積　　　　　　　　　　　の活用をはじめとしたICTと応期待値を高めつつある。

新たなICTトレンド=「スマートICT」が生み出す日本の元気と成長

1 テキストをマウスでドラッグし❶、右クリックして❷、「コピー」をクリックすると❸、テキストをコピーできる。

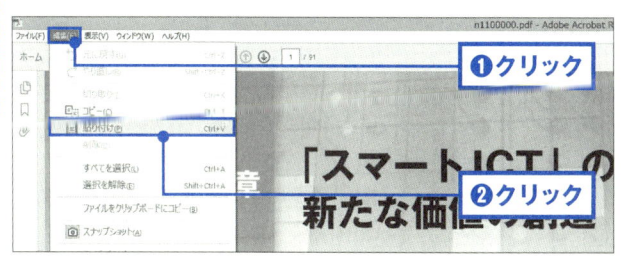

2 「貼り付け」は「テキストボックス」の追加となる。メニューバーから「編集」をクリックし❶、「貼り付け」をクリックする❷。

★One Point!★

マウスカーソルが「てのひらツール」や「マーキーズーム」のときは、事前に「右クリック」→「選択ツール」で、カーソルを「選択ツール」モードに変更する必要がある。なお、作成者が「内容のコピー」属性を「許可しない」にして設定したPDF文書のテキストは、コピーできない。

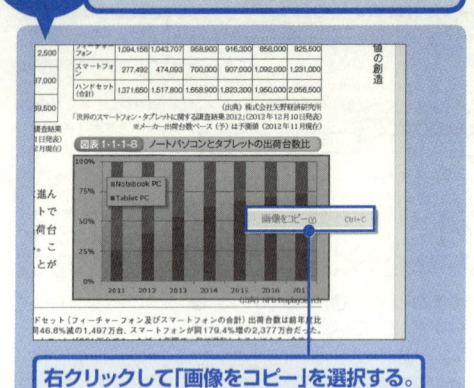

010

PDFの中の図だけを取り出す

ここがポイント！ PDF内の図はかんたんに保存できる

右クリックして「画像をコピー」を選択する。

[Acrobat Reader]

PDFにある図表は、テキストデータのようにかんたんにコピーできる。図表だけを取り出して別の資料に添付したい場合などは、コピーしてほかのソフトにペーストしたり、フォルダなどに保存しておくとよいだろう。

PDF上の図表をコピーするには、対象の図表をクリックして選択状態にし、「右クリック」→「画像をコピー」を選択するだけだ。これだけで「クリップボード」に図表がコピーできる。

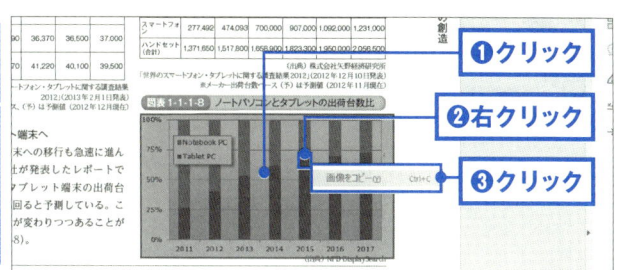

1 対象の図表をクリックして選択状態にし❶、右クリックして❷、「画像をコピー」をクリックする❸。

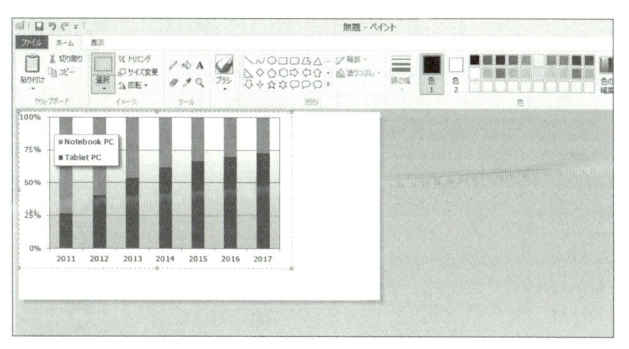

2 コピーした図表を「ペイント」などでペーストして保存する。

★ One Point ! ★

図表の中には、一見画像のように見えて実は、「文字と図形の組み合わせ」のものがあり、この種の図表はここで説明した方法ではコピーできない。こういった図表を画像化するにはP.36「スナップショットで任意の範囲を画像に変換する」を参照しよう。

011

スナップショットで任意の範囲を画像に変換する

[Acrobat Reader]

ここがポイント！ PDFの任意の範囲、または ページ全体を画像化できる

「編集」から「スナップショット」を選択する。

「スナップショット」と呼ばれる機能を使うとPDFの任意の範囲、もしくはページ全体をかんたんに画像化できる。利用するには、メニューバーから「編集」→「スナップショット」を選択し、画像化したい任意の範囲を、マウスのドラッグで指定する。操作はたったのそれだけだ。コピーしたページは、ペイントなどにペーストして保存しよう。なお、スナップショットモードは Esc キーで解除できる。

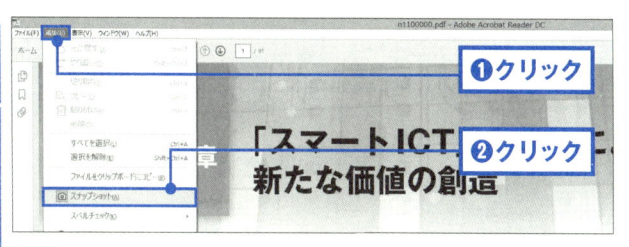

第1章 閲覧編

これは快適！閲覧の効率UP術

1 「編集」をクリックし①、「スナップショット」をクリックする②。

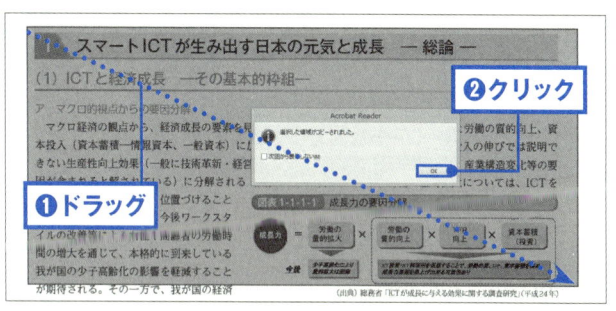

2 画像化したい範囲をマウスのドラッグで指定すると①、範囲内を画像としてコピーできる。通知が表示されたら「OK」をクリックする②。

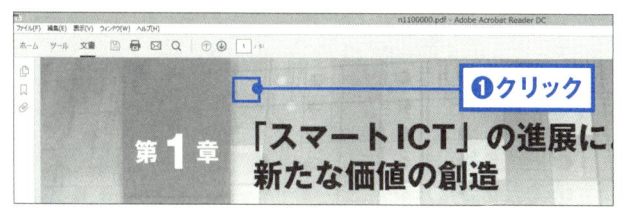

3 ページ全体を画像としてコピーするには、スナップモードでページ上の任意の箇所をクリックすればよい①。

37

012

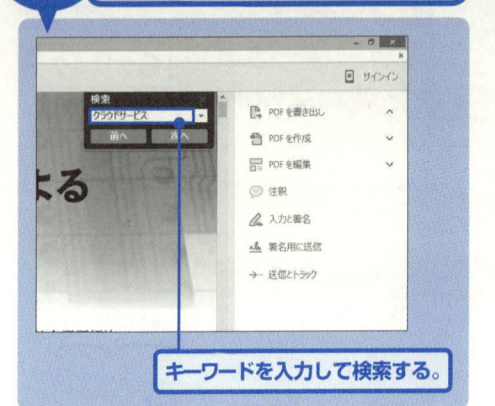

PDFを検索する

[Acrobat Reader]

ここがポイント！ メニューバーから「編集」→「簡易検索」でテキスト検索ができる

キーワードを入力して検索する。

　PDF文書は、画像ファイルと違って文字をテキストデータのまま、ファイルに記録している。なので、ワープロソフトで作成したテキストファイルと同様、特定のキーワードをかんたんに検索できる。Acrobat Readerのメニューバーから「編集」→「簡易検索」を選択すると、ウィンドウ右上に小さな検索ウィンドウが表示される。あとは、「検索」欄に検索したいキーワードを入力するだけで検索が行える。

これは快適！閲覧の効率UP術

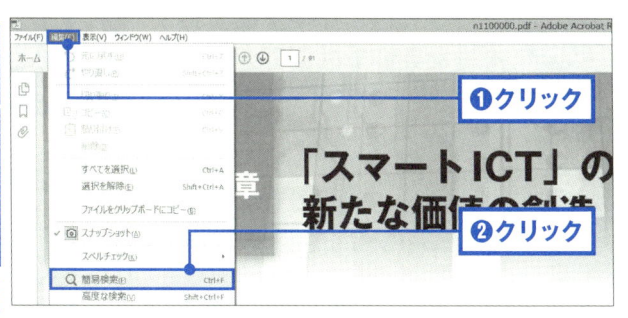

1 メニューバーから「編集」をクリックして❶、「簡易検索」をクリックする❷。

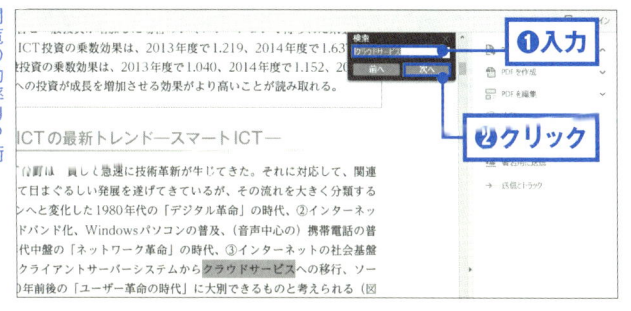

2 「検索」欄にキーワードを入力して❶、「前へ」「次へ」をクリックすると❷、キーワードを検索できる。

★One Point !★

検索ウィンドウの「検索」欄右端の ▼ をクリックすると、「大文字と小文字を区別」「注釈を含める」などの検索詳細設定ができる。

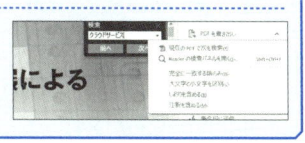

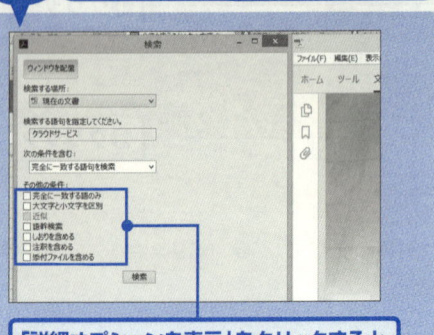

013 複雑な条件で検索する

ここがポイント! 「検索パネル」を使えばより複雑な条件で検索できる

「詳細オプションを表示」をクリックすると検索オプションがさらに増える。

メニューバーから「編集」→「高度な検索」を選択すると、Acrobat Readerの「検索パネル」が表示される。「検索パネル」を使えば、より詳細な条件を使った検索が可能だ。なお、「検索パネル」は、キーボードの Ctrl キー + Shift キー + F キーでも表示できる。

加えて、「検索パネル」の「詳細オプションを表示」をクリックすると、さらに検索オプションを追加できる。

[Acrobat Reader]

これは快適！閲覧の効率UP術

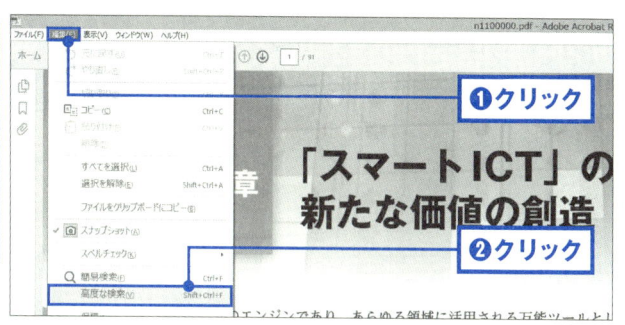

1 メニューバーから「編集」をクリックして❶、「高度な検索」をクリックする❷。

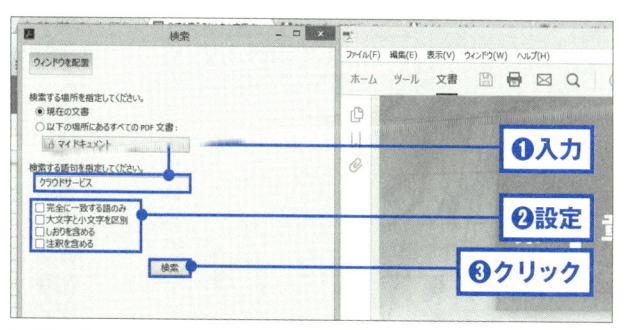

2 「検索パネル」が表示されるので、キーワードを入力する❶。「完全に一致する語のみ」「大文字と小文字を区別」などの細かいオプションを設定し❷、「検索」をクリックする❸。

★One Point！★

「詳細オプションを表示」をクリックすると、検索オプションが追加され、さらに複雑な条件で検索が可能になる。

014

ほかの人のコメントを確認する

[Acrobat Reader]

ここがポイント！ 注釈マークにカーソルを合わせるだけでコメントを確認できる

クリックして編集も可能。

　PDFの利点の1つに、「注釈」機能がある。「注釈」機能とは、元のPDF文書上に「注釈」の形でコメントその他を自由に書き込める機能で、とくに文書の校正・添削や、文書を複数ユーザーで回し読み、それぞれ意見を述べ合うといった際に力を発揮する。

　文書の一部が「ハイライト」表示されていたり、「アンダーライン」や「取消線」が引かれていたり、「スタンプ」が押されていたら、それはほかの人の「注釈」だ。

第1章 「スマートICT」の進展による新たな価値創造

❶マウスカーソルを合わせる

ICTは成長のエンジンであり、あらゆる領域に活用される万能ツールとして、経済成長戦略と社会課題解決の要の位置にある。また、インターネットの社会基盤化を背景とした高速ネットワーク、とりわけ高速モバイル通信の普及を背景としたスマートフォンの普及、クラウド化に伴うビッグデータ・オープンデータありと、ICTの新たなトレンドが、大量に流通・蓄積される情報資源・データの活用をはじめとした成長に対する期待値を高めつつある。

1 Acrobat Readerではさまざまなタイプの「注釈」を利用できる。注釈としてコメントが付加されている場合は、マウスカーソルを合わせると表示される❶。

2 画面右の「注釈」をクリックすると、注釈の一覧が表示できる。なお、「注釈」が表示されていない場合は、画面右端の◀をクリックする。

★ One Point ! ★

Acrobat Readerは注釈の確認だけでなく、自分で注釈を追加することも可能だ。注釈を入れる方法は第3章P.96〜107を参照しよう。

015

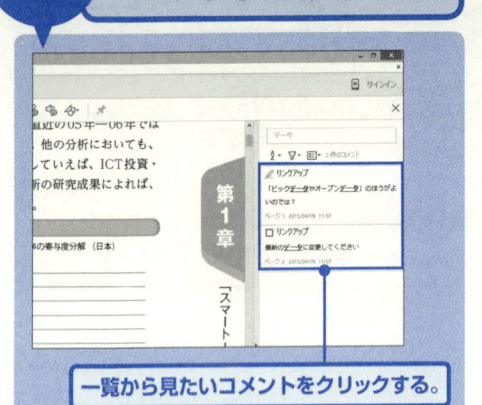

ほかの人のコメントを一覧から探す

ここがポイント! 注釈の一覧から見たいコメントを一発表示できる

一覧から見たいコメントをクリックする。

大量に「注釈」が加えられたPDFの場合、注釈の場所を探したり、コメントの内容をいちいち確認するのはかなり大変だ。他人が加えた注釈の場合はなおさらだろう。

「注釈」をクリックすると、注釈の一覧が表示される。ここには、表示中の**PDFに加えられたすべての注釈が一覧表示される**ようになっており、それぞれの注釈をクリックするだけで、注釈が加えられた箇所を一発表示できる。

[Acrobat Reader]

これは快適！閲覧の効率UP術

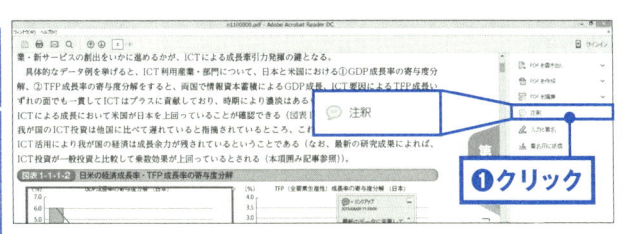

新・新サービスの創出をいかに進めるかが、ICTによる成長牽引力発揮の鍵となる。
具体的なデータ例を挙げると、ICT利用産業・部門について、日本と米国における①GDP成長率の寄与分解、②TFP成長率の寄与度分解を行まず、両国で情報資本蓄積による GDP成長、ICT要因による TFP成長いずれの面でも一貫して ICT はプラスに貢献しており、時期により濃淡はある
ICT による成長において米国が日本を上回っていることが確認できる（図表
我が国の ICT 投資が他国に比べて遅れていると指摘されているところ、これ
ICT 投資が一般投資と比較して乗数効果が上回っているとされる（本項囲み記事参照））。

1 「注釈」をクリックすると❶、注釈を一覧表示できる。

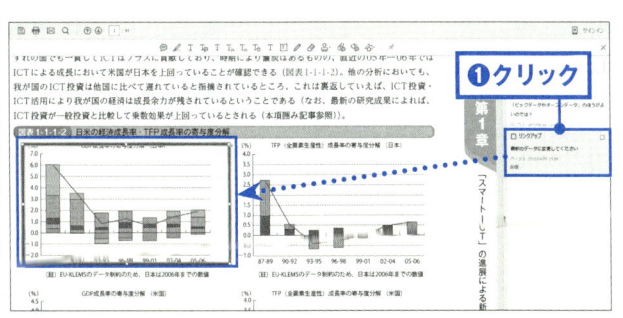

2 一覧から見たい注釈をクリックすると❶、注釈が加えられた箇所を表示できる。

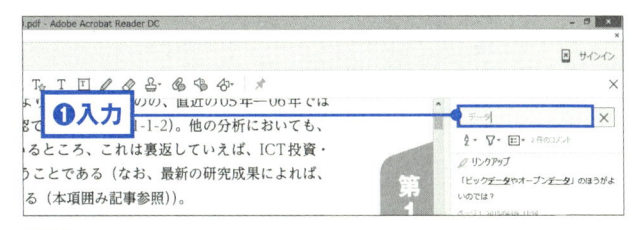

3 「注釈を検索」にキーワードを入力すると❶、注釈の検索ができる。

016

特定の人のコメントだけを表示する

[Acrobat Reader]

ここがポイント！ 注釈を書いた人の「名前」でコメントを絞り込める

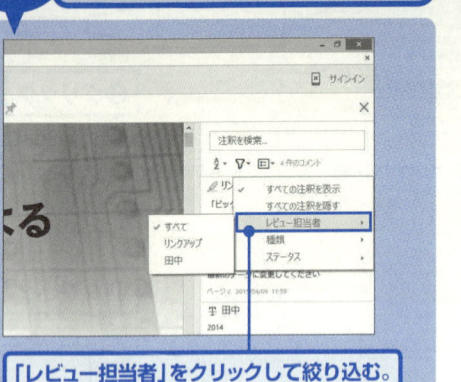

「レビュー担当者」をクリックして絞り込む。

Acrobat Reader画面右の「注釈」ボタンで表示できる注釈の一覧は、多数の「注釈」が書き込まれているPDF文書を効率的に閲覧するには欠かせない。だが、多数の注釈が一覧で表示されていると、目的の注釈がどこにあるか探すのが大変だ。そのような場合には、「注釈の絞り込み」機能を使おう。▽→「レビュー担当者」を選択すると、注釈を記入した人の名前で、注釈を絞り込んで表示することができる。

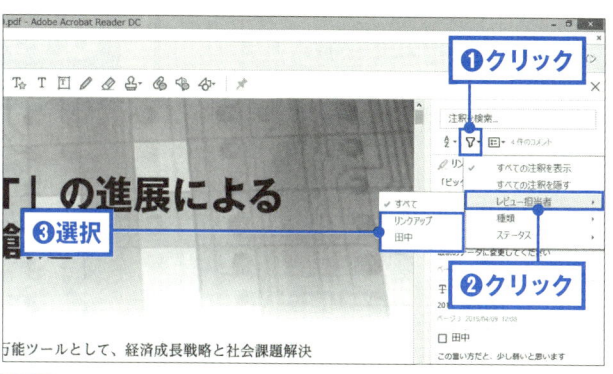

1 注釈の一覧を表示して▽をクリックし①、「レビュー担当者」をクリックして②、絞り込みたい名前を選択する③。

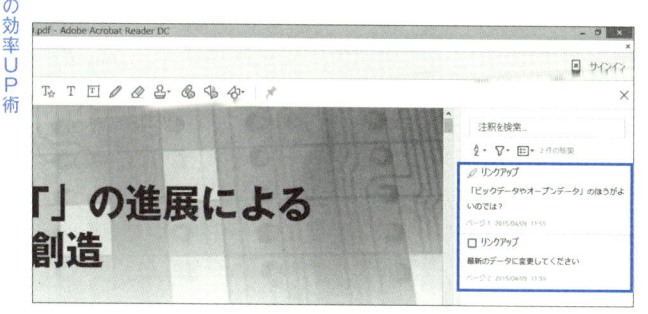

2 選択した名前の注釈のみが、一覧で表示される。

★One Point!★

注釈を絞り込まずに、表示される順番を整理したい場合は、画面の♣をクリックしよう。「日付」や「作成者」で並べ替えることができる。

017

自動スクロールでさくさく閲覧する

ここがポイント！ PDF文書を自動でゆっくりスクロールさせられる

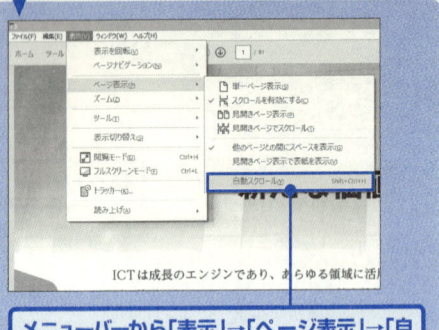

> メニューバーから「表示」→「ページ表示」→「自動スクロール」の順にクリックする。

PDF文書の閲覧には、原則としてマウス、またはキーボードを使う。しかし、マウスやキーボードでの操作が面倒な場合もあるだろう。こういった際は、Acrobat Readerの「**自動スクロール**」機能を使おう。「自動スクロール」機能は、その名の通り、自動でPDF文書をゆっくりスクロールさせてくれる機能だ。メニューバーから「表示」→「ページ表示」→「自動スクロール」を選択すると、スクロールが開始される。

[Acrobat Reader]

48

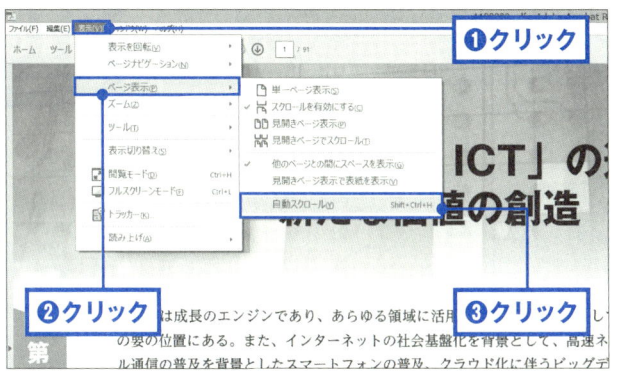

第1章 閲覧編 これは快適！閲覧の効率UP術

![メニュー画面]

❶クリック
❷クリック
❸クリック

1 メニューバーから「表示」をクリックし❶、「ページ表示」をクリックして❷、「自動スクロール」をクリックする❸。

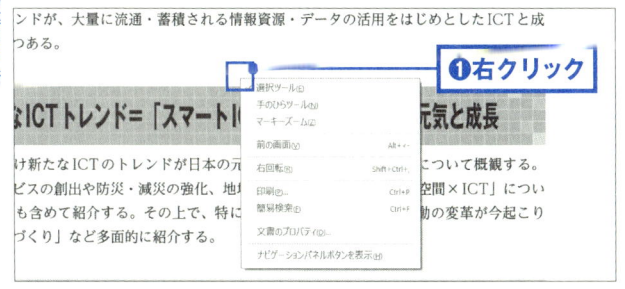

❶右クリック

2 自動スクロール中に右クリックすると❶、「コンテキストメニュー」が表示されてスクロールが一時停止する。

★One Point !★

「自動スクロール」機能は、キーボードの Shift キー＋ Ctrl キー＋ H キーでも有効／無効を切り替えられる。

018

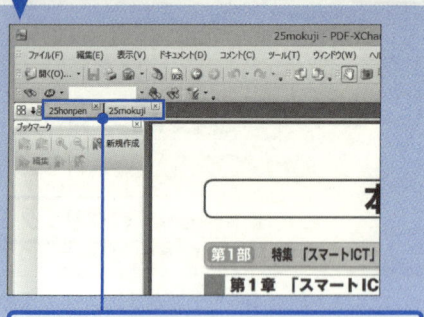

複数のPDFをまとめて表示する

ここがポイント！　「PDF-XChange Viewer」なら複数のPDFを「タブ」でまとめて表示可能

> タブがあれば複数のウィンドウを開く必要がない。

Acrobat ReaderはPDF閲覧ソフトの定番中の定番だが、残念ながらWebブラウザなどでお馴染みの「タブ表示」機能を備えていない。1つのウィンドウには、1つのPDFしか表示できず、複数のPDF文書は、複数のウィンドウで表示するしかない。

しかし、フリーソフトの「PDF-XChange Viewer」なら、複数のPDFをまとめて表示可能だ。

[PDF-XChange Viewer]

50

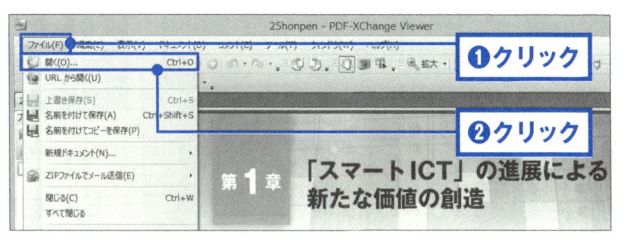

第1章 閲覧編 これは快適！閲覧の効率UP術

1 「PDF-XChange Viewer」で「ファイル」をクリックし❶、「開く」をクリックして新規PDFを開く❷。この操作を繰り返して複数のPDFを開く。

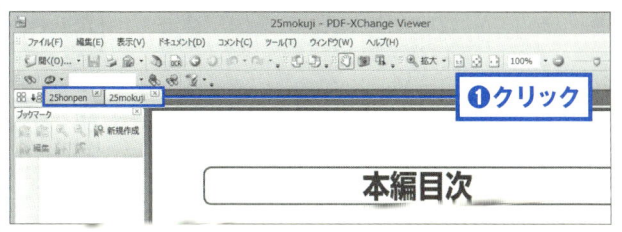

2 複数のPDFが同一ウィンドウ内に「タブ」で表示される。タブをクリックすると❶、PDFを切り替えられる。

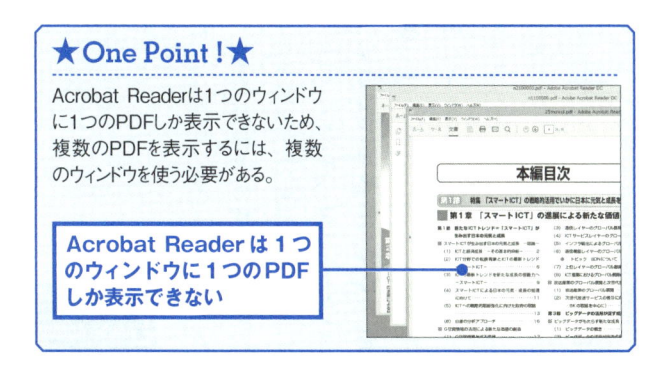

★ One Point ! ★

Acrobat Readerは1つのウィンドウに1つのPDFしか表示できないため、複数のPDFを表示するには、複数のウィンドウを使う必要がある。

Acrobat Readerは1つのウィンドウに1つのPDFしか表示できない

51

019

スマートフォンでPDFを閲覧する

ここがポイント！ スマートフォンからPDFが見れる

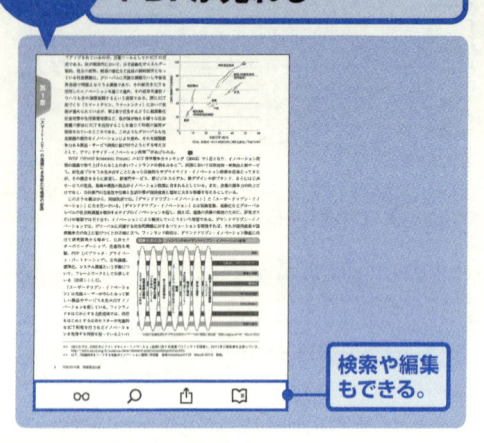

検索や編集もできる。

PDFは、どんなプラットフォーム上でも変わらず、制作者の意図通りに表示できることを最優先に開発された文書フォーマットだ。よって、スマートフォン上でもパソコンと同様に、PDFを閲覧できる。このとき、Adobe純正アプリの「Adobe Acrobat DC」がおすすめだ。

加えて、現行のスマートフォンは、初期状態でPDFに対応した何らかのビューアーがインストールされている。

[スマホ版 Adobe Acrobat]

▼iPhoneの場合

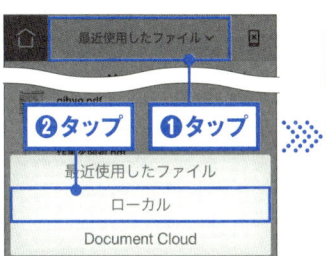

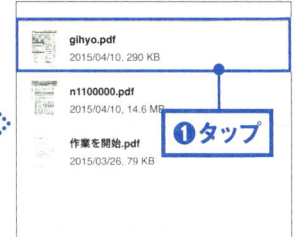

1 画面上部の「最近使用したファイル」をタップし❶、「ローカル」をタップする❷。

2 PDFファイルをタップすると❶、PDFが表示される。

▼Androidの場合

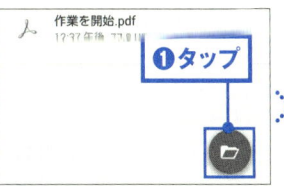

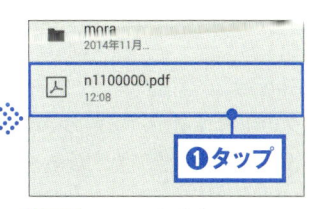

1 ■をタップして❶、「内部ストレージ」(または「コンテンツマネージャー」など)をタップする。

2 フォルダを選択して、PDFファイルをタップすれば❶、PDFが表示される。

★One Point !★

パソコンからスマートフォンにPDFを取り込むには、いくつか方法がある。詳しくは第5章を参照しよう。

COLUMN

コラム 1

複数のPDFソフトを使う際の注意点

開発元のオフィシャルPDFビューアーであるAcrobat Readerは、高性能＆多機能なPDFビューアーだが、有料版の「Adobe Acrobat」との差別化のために、作成・編集関連機能の一部に制限がかけられている。また、高性能＆多機能な分、ある程度のマシンパワーを必要とする。

そのため、P.50「複数のPDFをまとめて表示する」で触れた「PDF-XChange Viewer」など、サードパーティー製PDFビューアーの方が便利な場合もあるのだが、複数のPDFソフトを使う際には互換性に注意しなくてはならない。

サードパーティー製PDFビューアーは、あくまでもAcrobat Readerの互換アプリである。そのため、たとえば注釈のマークの位置などが、本家のAcrobat Reader上とは若干ずれて表示されるような場合もある。つまり、互換アプリの互換性は、100%ではないのだ。

無料でPDFファイルの作成・編集が可能なサードパーティー製PDFビューアーは、確かに便利な存在だ。しかし、あくまで基本はAcrobat Reader。サードパーティー製PDFビューアーでPDFを編集したあとには、必ずAcrobat Reader上で最終チェックをしておこう。

第 2 章

作成編

これは便利!
作成の効率UP術

020 Wordの文書をPDFに変換する

[Microsoft Word 2013]

ここがポイント！ Wordから直接PDF形式で書き出せる

「PDF／XPS ドキュメントの作成」をクリックする。

文書作成ソフトの定番「Word」には、作成した文書をPDFファイルとして保存する機能が備わっている。Wordで文書を開き、「エクスポート」画面で「**PDF／XPSドキュメントの作成**」を選択するか、「名前を付けて保存」画面で「ファイルの種類」を「PDF」に設定すると、Wordで作成した文書をPDF形式で保存できる。どちらでも、使いやすいやり方を覚えておくとよいだろう。

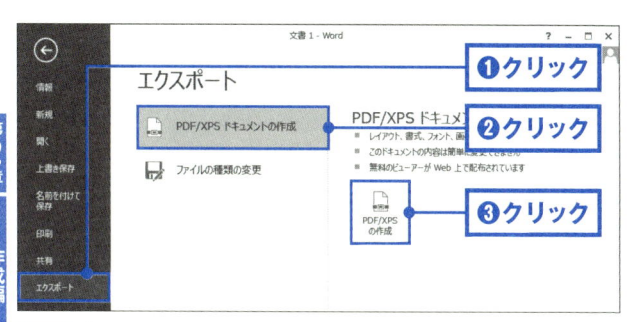

第2章 作成編 — これは便利！作成の効率UP術

1 「ファイル」タブから「エクスポート」をクリックし❶、「PDF/XPSドキュメントの作成」をクリックして❷、「PDF/XPSの作成」をクリックする❸。

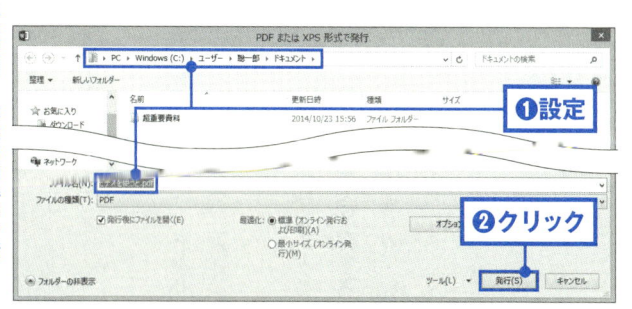

2 ファイル名と保存場所を設定し❶、「発行」をクリックする❷。

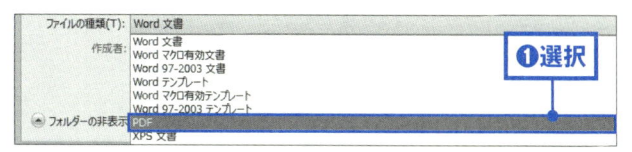

3 「名前を付けて保存」画面を表示して、「ファイルの種類」で「PDF」を選択する方法でもPDFに変換できる❶。

57

021

ExcelのシートをPDFに変換する

ここがポイント！ Excelから直接PDF形式で書き出せる

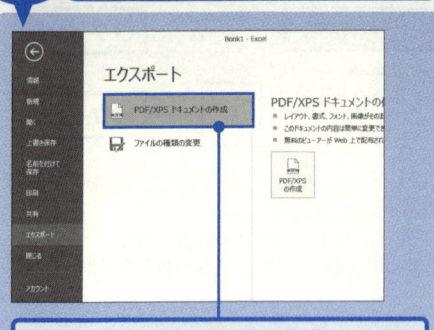

「PDF／XPS ドキュメントの作成」をクリックする。

ビジネス用途で屈指の使用頻度を誇るのが、表計算ソフト「Excel」だ。Excelは、Wordと同様に作成したワークシートを **PDFファイルとして保存する機能を備えている。**

やり方はWordと同じで、「ファイル」タブから「エクスポート」→「PDF／XPSドキュメントの作成」ボタンをクリックし、保存場所などを決定する。PDFに変換すると、表などが崩れてしまうことがあるので、必ず確認しよう。

[Microsoft Excel 2013]

第2章 作成編

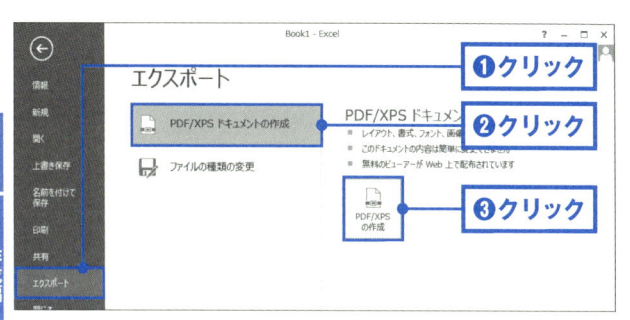

これは便利！作成の効率UP術

1 「ファイル」タブから「エクスポート」をクリックし❶、「PDF／XPSドキュメントの作成」をクリックして❷、「PDF／XPSの作成」をクリックする❸。

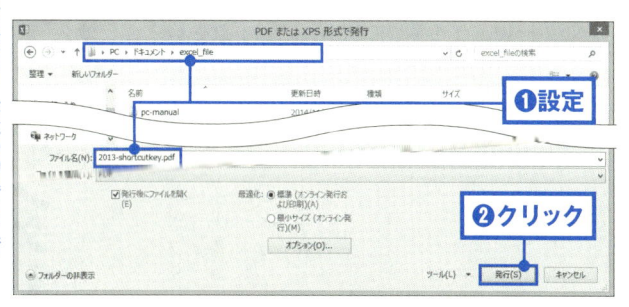

2 ファイル名と保存場所を設定し❶、「発行」をクリックする❷。

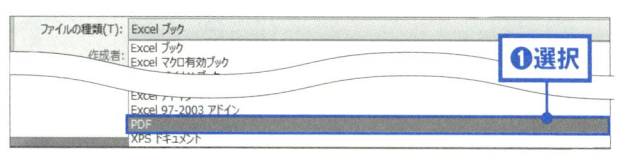

3 「名前を付けて保存」画面を表示して、「ファイルの種類」で「PDF」を選択する方法でもPDFに変換できる❶。

59

022 OfficeファイルをインターネットでPDFに変換する

[Internet Explorer]

ここがポイント！ インターネット上の「PDF変換サービス」を利用する

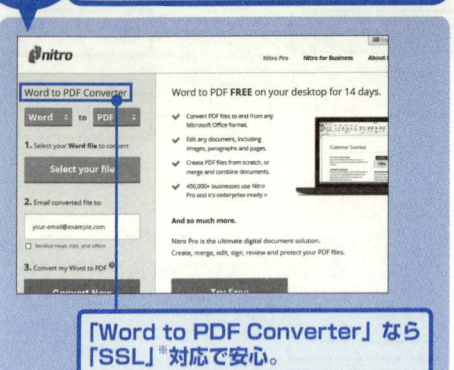

「Word to PDF Converter」なら「SSL」※対応で安心。

※インターネット上で通信を暗号化する技術。

文書ファイルのPDF化にはインターネット上の「PDF変換サービス」も便利だ。この方法なら、Microsoft Officeがインストールされていないパソコン上でも、OfficeファイルのPDF化が可能だ。

中でも、「Word」「Excel」「PowerPoint」のPDF化が可能な、「Word to PDF Converter」がおすすめだ。

第2章 作成編

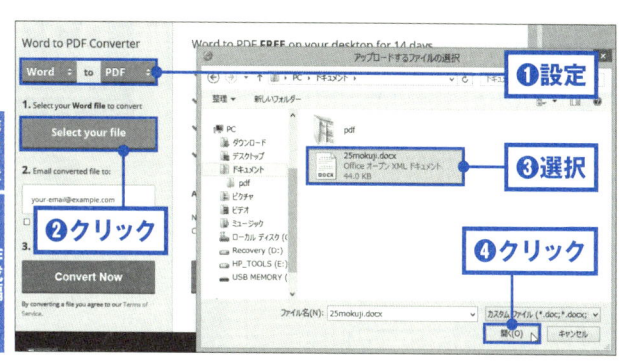

これは便利！作成の効率UP術

1. 「Word to PDF Converter」(https://www.wordtopdf.com) のWebサイトにアクセスし、変換元と変換先(PDF)のファイル形式を設定後❶、「Select your file」をクリックして❷、ファイルを選択し❸、「開く」をクリックする❹。

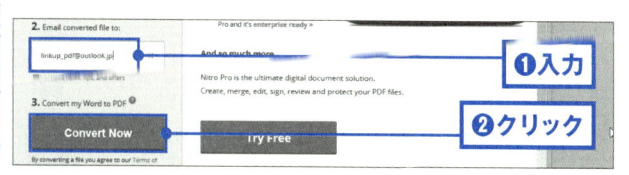

2. 「Email converted file to」にメールアドレスを入力して❶、「Convert Now」をクリックする❷。

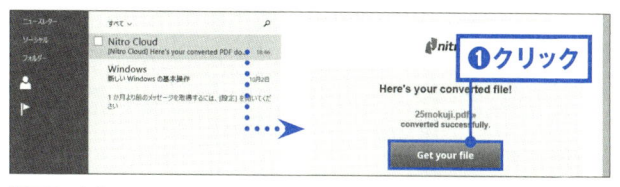

3. 変換ファイルへのリンクが記述されたメールが届くので、「Get your file」をクリックしてダウンロードする❶。

023 WebページをPDFに変換する

ここがポイント！ 変換サービスやアドオンを利用する

Webページの「URL」を入力するだけでOK。

[Internet Explorer]

「Word」や「Excel」で作成した文書と並んで、PDF化すると便利なコンテンツとして、Webページが挙げられる。変換は、「Google Chrome」などのWebブラウザの「アドオン」でも可能だが、インターネット上の「PDF変換サービス」なら、**どんな環境でも利用できるので便利だ**。WebページのPDF化が可能なサービスは、インターネット上にたくさんあるが、「Web2PDF」が多機能で使い勝手がよい。

❶入力

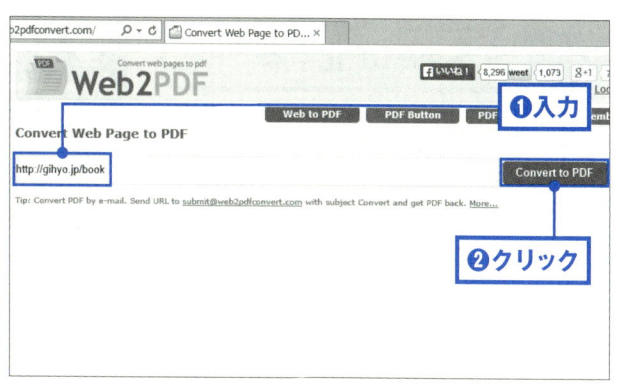

❷クリック

1 「Web2PDF」(http://www.web2pdfconvert.com/)を開き、入力欄にPDF化したいWebページのURLを入力して❶、「Convert to PDF」をクリックする❷。

❶クリック

2 しばらく待つと変換が完了するので、「Download PDF」をクリックしてダウンロードする❶。

★One Point!★

利用しているWebブラウザが「Google Chrome」や「Mozilla Firefox」なら、アドオンを利用する手もある。「Google Chrome」なら「Save as PDF」や「Web2PDFConverter」、「Mozilla Firefox」なら「Print pages to Pdf」あたりが定番だ。

024 スキャナで読み取った文書をPDFにする

ここがポイント！ ScanSnapで文書をPDF化する

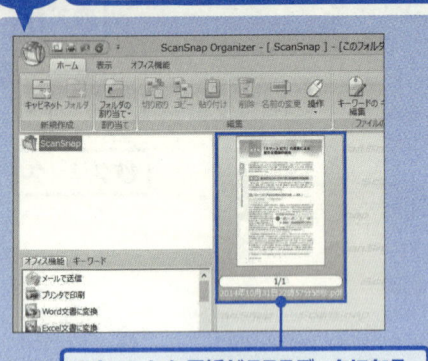

スキャンした用紙がPDFデータになる。

現在でもビジネスでは紙資料の重要性は低くないが、デジタルデータと比べると、紙資料は、とくにコピーやテキスト検索といった用途で圧倒的に劣る。資源の節約を考えても資料はPDF化するのがスマートだ。

「ドキュメント・スキャナ」と呼ばれる、文書のスキャン用スキャナがあれば、かんたんに紙文書をPDF化できる。ここでは「ScanSnap」を使ってスキャンする手順を紹介する。

[ScanSnap]

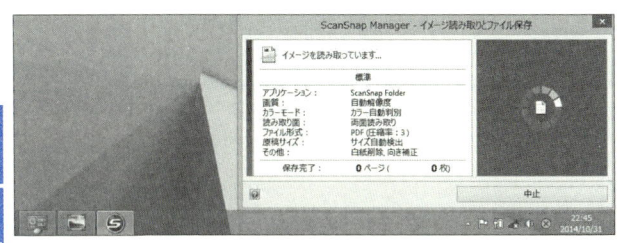

1 「ScanSnap」本体に用紙をセットして「Scan」ボタンを押すと、スキャンがはじまる。

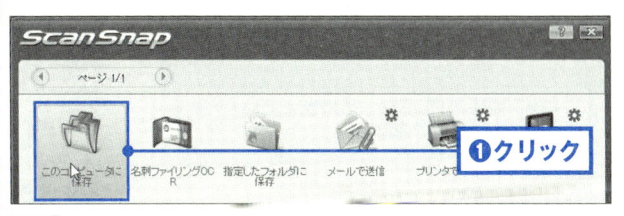

2 スキャンが終了すると「ScanSnap」の「クイックメニュー」画面が表示される。「このコンピュータに保存」をクリックする①。

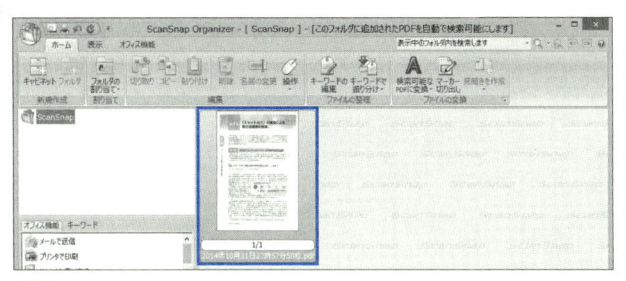

3 スキャンデータが自動的にPDF化され、保存される。「ScanSnap」の場合、初期設定の保存先は「ドキュメント」内の「ScanSnap」フォルダに保存される。

025 スキャンしたPDFの「テキスト検索」を可能にする

ここがポイント！ OCRでテキスト検索ができるようになる

スキャン直後のPDFは、そのままでは「テキスト検索」が利用できない。

スキャナを使った紙資料のPDF化は、作業自体はかんたんだ。ただし、スキャン直後のPDFは、そのままでは「テキスト検索」ができない。これは「文字」が「画像」として読み取られてしまうためだ。

だが、文書のスキャンに特化した「ドキュメント・スキャナ」であれば、この問題はかんたんに解決できる。「ドキュメント・スキャナ」には通常、画像を文字化できる「OCR」（光学文字認識）が搭載されているので、これを使えばよい。

[ScanSnap]

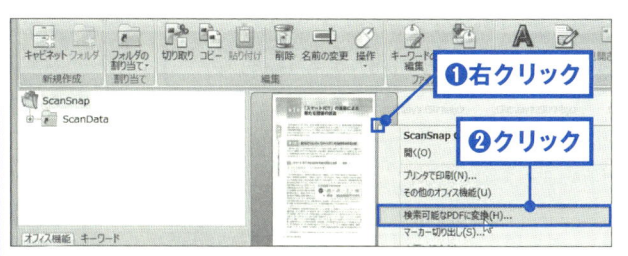

1 スキャン後に「このコンピュータに保存」を選択すると表示される「ScanSnap Organizer」画面で、PDFを右クリックし❶、「検索可能なPDFに変換」をクリックする❷。

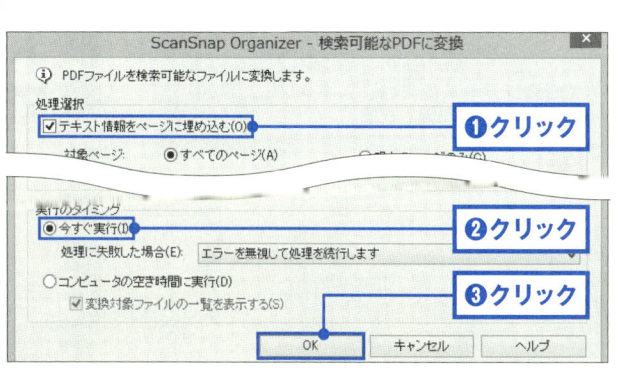

2 「テキスト情報をページに埋め込む」をクリックしてチェックを付け❶、「今すぐ実行」をクリックしてチェックを付けて❷、「OK」をクリックする❸。

3 PDFが「テキスト検索」可能になると、サムネイルに「A」のマークが付く。

026

OCRソフトで「テキスト検索」を可能にする

ここがポイント！ OCRソフトを使って画像をテキスト化する

OCRソフトを使えば、スキャンしたPDFのテキストが利用できる。

[PDF-XChange Viewer]

スキャナにOCR機能がない場合は、「OCRソフト」を使おう。「PDF-XChange Viewer」はOCR機能を搭載しているので、まずはこれを使うとよい。ただし、初期状態では日本語には非対応なため、日本語用のアドオンをインストールする必要がある。また、文字変換精度にはやはり不安が残る。さらなる変換精度を求める場合は、P.242～243で紹介する有料ソフトの使用を検討してほしい。

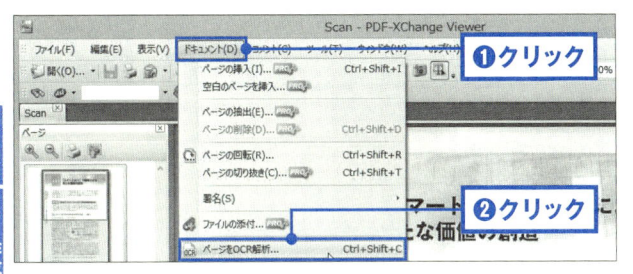

1 「PDF-XChange Viewer」でスキャンしたPDFを表示し、「ドキュメント」をクリックして❶、「ページをOCR解析」をクリックする❷。

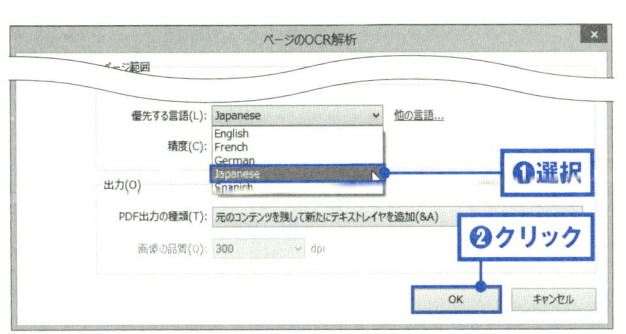

2 「ページのOCR解析」画面が表示されるので、「優先する言語」を「Japanese」にして❶、「OK」をクリックする❷。

★One Point!★

初期状態の「PDF-XChange Viewer」の「OCR」機能は、日本語に対応していない。「PDF-XChange Viewer」オフィシャルサイトの「OCR」機能のページ(http://www.tracker-software.com/pdf-xchange-viewer-ocr)からアドオンを入手してインストールする必要がある。また、テキストの変換精度はそれほど高くないため注意が必要だ。

027

スキャンしたデータが薄くて見えない

ここがポイント! 読み取りモードを変更する

ScanSnap Folderの設定

「読み取りモード」や「コントラスト」を調整する。

スキャンしたデータが薄いと、文字が読みづらいだけでなく、「OCR」機能の変換精度も低下してしまう。そんなときは、スキャナの設定画面で、「コントラスト」の調整をしよう。「コントラスト」の数値を上げれば、薄くて文字が読めないというトラブルは解消するはずだ。

なお、「ScanSnap」のようにコントラストを調整できない場合は、「読み取りモード」から設定を変更してみよう。

[ScanSnap]

第2章 作成編

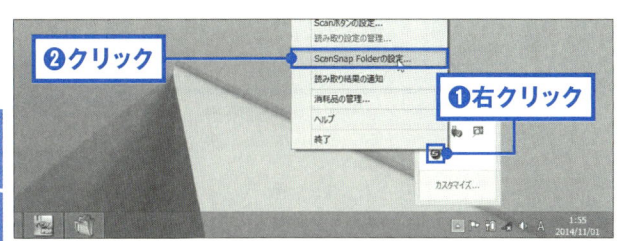

これは便利！作成の効率UP術

1 ScanSnapの場合は、タスクトレイの「ScanSnap Manager」アイコンを右クリックし❶、「ScanSnap Folderの設定」をクリックする❷。

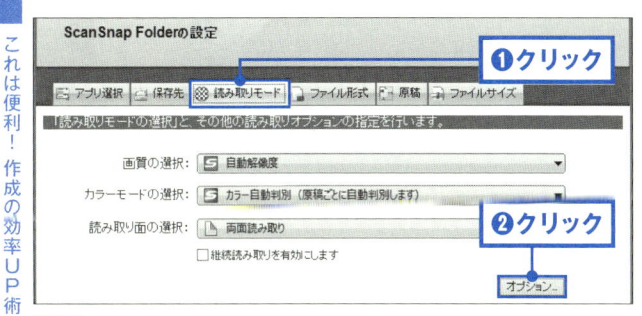

2 「読み取りモード」タブをクリックし❶、「オプション」をクリックする❷。

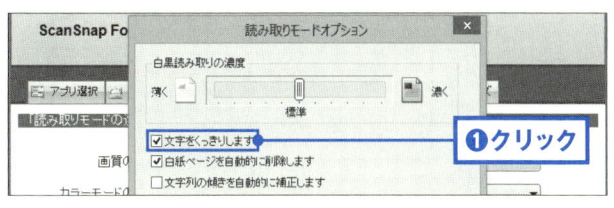

3 「文字をくっきりします」をクリックしてチェックを付ける❶。

028

領収書やレシートをPDFにする

ここがポイント！ 領収書やレシートなどは「白黒」で保存する

読み取りモードを「白黒」にする。

[ScanSnap]

「領収書」や「レシート」は、うっかりしていたとなくしてしまったり、感熱紙を利用しているものは、経年劣化で文字が消えてしまう場合がある。そうならないように、PDF化して保存しよう。

そのままではスキャンしづらいので、台紙にテープなどではり付けてスキャンするとよい。さらに、この種の資料に「色」の情報は不要なので、**スキャナの読み取りモードを「白黒」に変更する**と、文字が見やすい状態でPDF化できる。

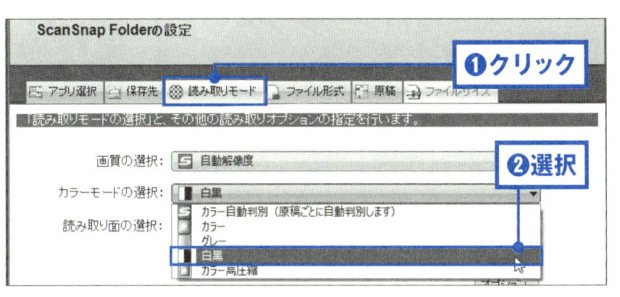

ScanSnap Folderの設定

1 P.71を参考に「ScanSnap Folderの設定」画面を表示し、「読み取りモード」タブをクリックして❶、「カラーモードの選択」から「白黒」を選択する❷。

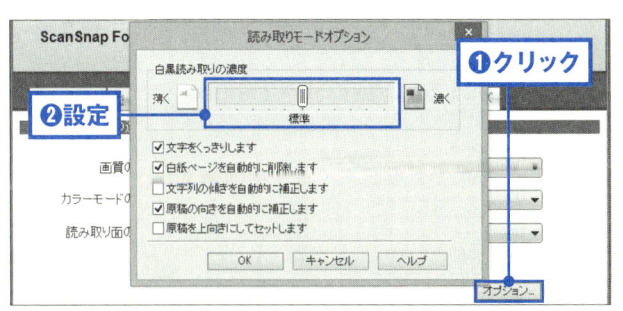

2 「白黒」モードで読み取りを行う場合のみ、「読み取りモード」タブの「オプション」から❶、「白黒読み取りの濃度」を設定できる。必要に応じて設定する❷。

3 カラーの用紙をスキャンしても、白黒でPDF化される。

029 冊子やパンフレットをPDFにする

ここがポイント！ 冊子やパンフレットをPDF化できる

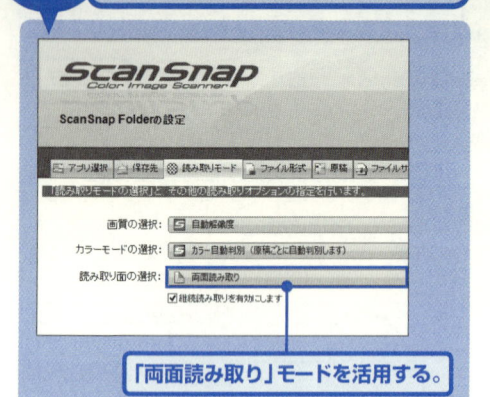

「両面読み取り」モードを活用する。

スキャナを使えば、冊子やパンフレットをPDF化することもできる。書籍や雑誌を自分でスキャンしてPDF化する作業は、「自炊」と呼ばれている。「自炊」には、「ドキュメント・スキャナ」が便利だ。たとえば「ScanSnap」では、ページの表と裏を一度にスキャンする「両面読み取り」モードを搭載しており、この種のスキャナを利用すれば、とくにページ数のある本はスキャンが格段に楽になる。

[ScanSnap]

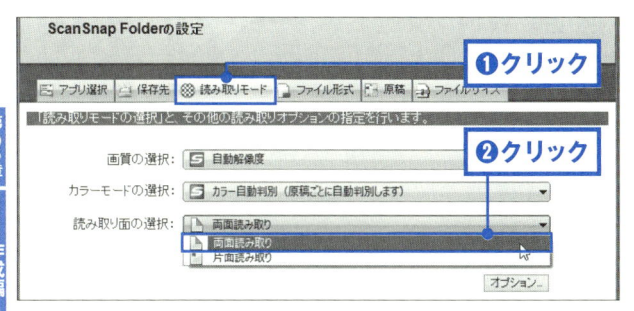

第2章 作成編 これは便利！作成の効率UP術

1 P.71を参考に「ScanSnap Folderの設定」画面を表示し、「読み取りモード」タブをクリックし❶、「読み取り面の選択」から「両面読み取り」を選択する❷。

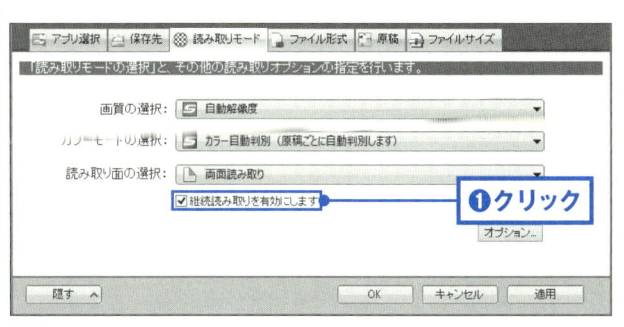

2 連続して多数のページをスキャンする場合は、「継続読み取りを有効にします」をクリックしてチェックを付ける❶。

★One Point！★

「自炊」は、しばしば著作権法との兼ね合いが問題になる行為だ。自分が所有している著作物を「自炊」し、自分だけで利用することは合法だが、スキャンしたデータを配布する場合などは違法になる。違法目的の自炊は控えよう。

030

スキャンしたページを スマートフォンに直接保存する

ここがポイント！ Wi-Fi接続でスマートフォンに送信する

「ScanSnap Connect」アプリでパスワードを入力すれば、PDFを受け取れる。

スキャンした文書をパソコンではなく、スマートフォンなどで利用したいこともあるだろう。パソコンとスマートフォンを同じWi-Fiネットワークに接続すれば、**スキャンした文書を直接、スマートフォンに送信できる。**

スマートフォンに保存した文書は一旦「ScanSnap Connect」アプリに保存されるが、保存後はスマートフォン版の「Adobe Acrobat」などで自由に閲覧が可能だ。

[ScanSnap]

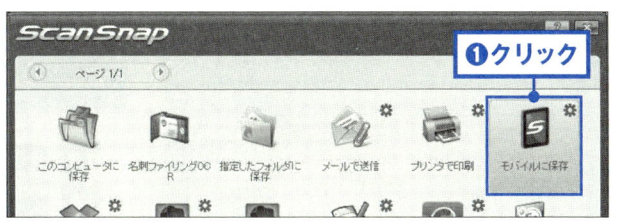

第2章 作成編 これは便利！作成の効率UP術

①クリック

1. あらかじめスマートフォンとパソコンを同じWi-Fiネットワークに接続して、スマートフォンに「ScanSnap Connect」アプリをインストールしておく。文書をスキャンしたら、「モバイルに保存」をクリックする**①**。

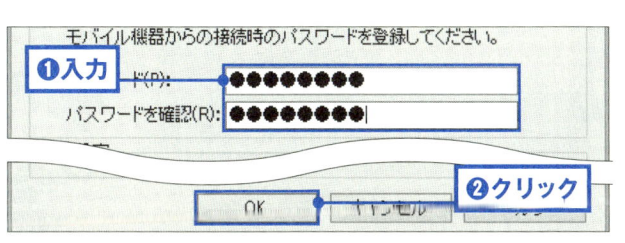

①入力

②クリック

2. モバイルへの保存をはじめて行う際には設定画面が表示されるので、「モバイルに保存-基本設定」画面で任意のパスワードを入力し**①**、「OK」をクリックする**②**。

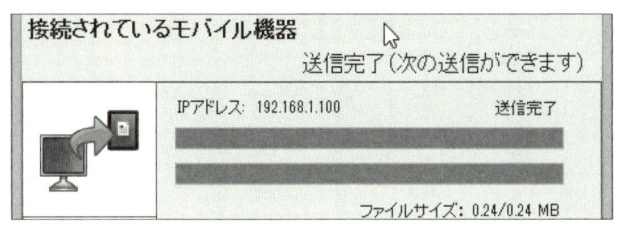

接続されているモバイル機器
送信完了（次の送信ができます）
IPアドレス: 192.168.1.100　　　送信完了
ファイルサイズ: 0.24/0.24 MB

3. スマートフォンで「ScanSnap Connect」アプリを起動すると、パスワード入力画面が表示されるので入力すれば、スマートフォンの「ScanSnap Connect」アプリに、PDFが保存される。

031

ここがポイント！ 「仮想プリンター」であらゆるデータをPDF化する

仮想プリンターを使ってPDFを作成する

[Foxit]

印刷と同じ手順でPDF化できる。

「仮想プリンター」は、OS上からはプリンターとして認識されるPDF作成ソフトで、使い方は通常のプリンターとほとんど変わらない。

唯一違うのは、印刷済みの用紙が排出されるかわりに「PDFファイル」が作成されることだけ。つまり、「印刷」機能を備えるソフトであれば、**どんなソフトのデータであればPDF化できる。**

ここでは、「Foxit」という仮想プリンターを紹介する。

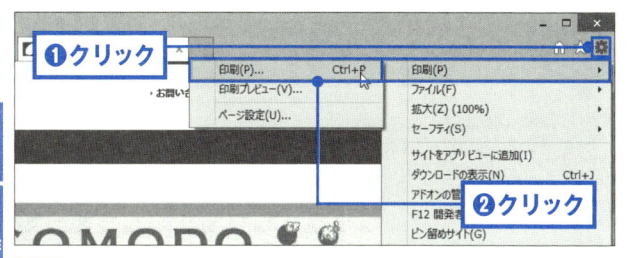

1 ここではWebページをPDFにする。PDF化したいWebページを表示して🔧をクリックし❶、「印刷」→「印刷」を選択する❷。

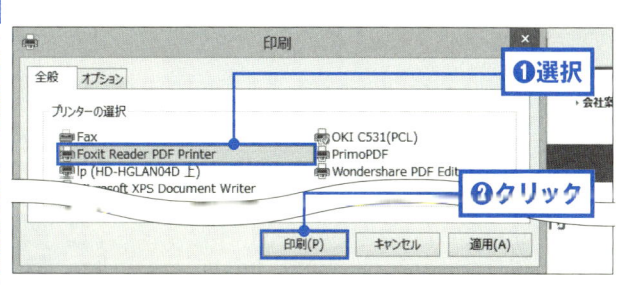

2 「印刷」画面の「プリンターの選択」で「Foxit Reader PDF Printer」を選択し❶、「印刷」をクリックする❷。

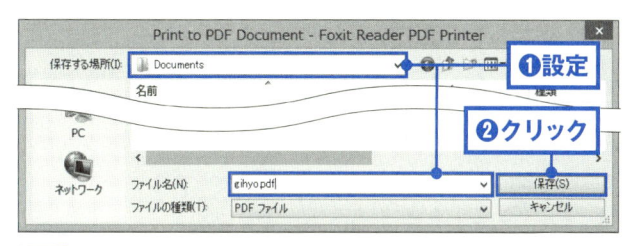

3 ファイル名と保存場所を設定し❶、「保存」をクリックする❷。

032 スマートフォンで資料をスキャンしてPDFにする

ここがポイント！ 手軽に資料をスキャンできる

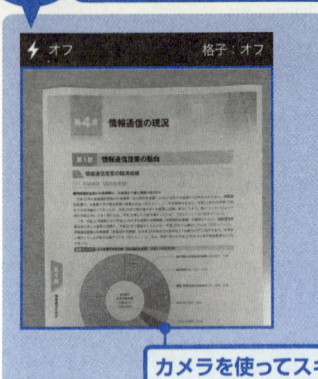

カメラを使ってスキャンする。

スキャナを持っていない場合や手元の資料をすばやくPDF化したい場合は、スマートフォンのカメラを使うことでもスキャンできる。スキャンアプリはいくつかあるが、「CamScanner」が使いがってがよくておすすめだ。

あらかじめアプリをインストールしておけば、資料をカメラで撮影するだけでかんたんにPDF化が可能だ。作成したPDFは、メールでパソコンに転送すればすぐに使うことができる。

[CamScanner]

第2章 作成編 これは便利！作成の効率UP術

❶タップ

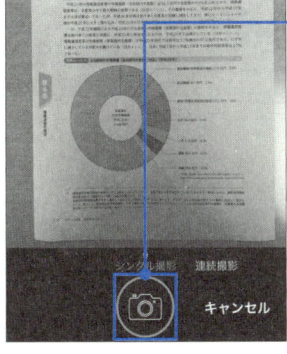

1. 「CamScanner」をインストールし、📷をタップしてカメラを起動する。撮影する資料の全体をカメラに収め、📷をタップする❶。

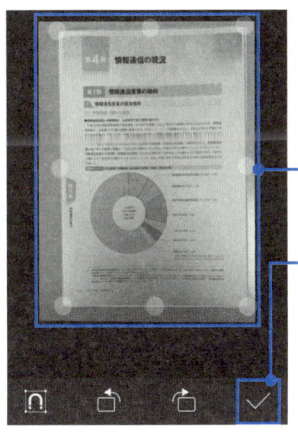

❶調整

❷タップ

2. スキャンした資料の周囲を調整し❶、✓をタップする❷。

★One Point！★

保存したデータはOCRでテキスト化したり、パソコンにメールで送信したりして利用できる。

033 Googleドライブのファイルを PDF化する

[Internet Explorer]

ここがポイント! Googleドライブのファイルはpdf化できる

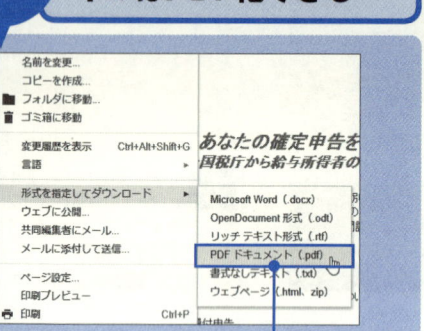

「PDFドキュメント（.pdf）」を選択してダウンロードする。

Google社のオフィス・サービスである「Googleドキュメント」や「Googleスプレッドシート」には、ファイル形式を指定してダウンロードする機能がある。そして、この機能はPDF形式もサポートしている。

つまり、Googleドライブ上に保存されたファイルは、基本的にすべてPDF化することができる。もちろん、このサービスは無料で利用できるので、どんどん活用していこう。

第2章 作成編

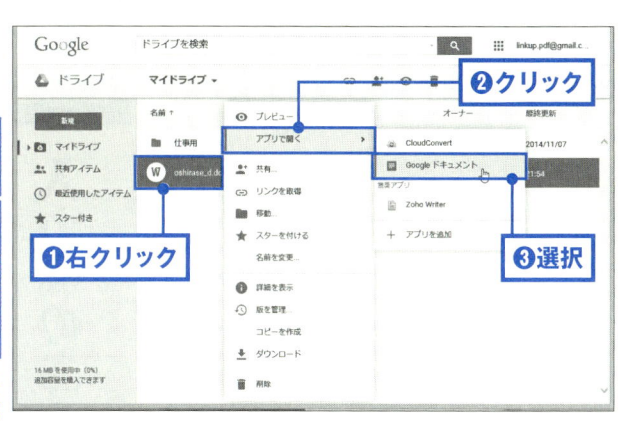

これは便利！作成の効率UP術

1 PDF化したい文書を右クリックして❶、「アプリで開く」をクリックし❷、「Googleドキュメント(またはGoogleスプレッドシート)」を選択する❸。

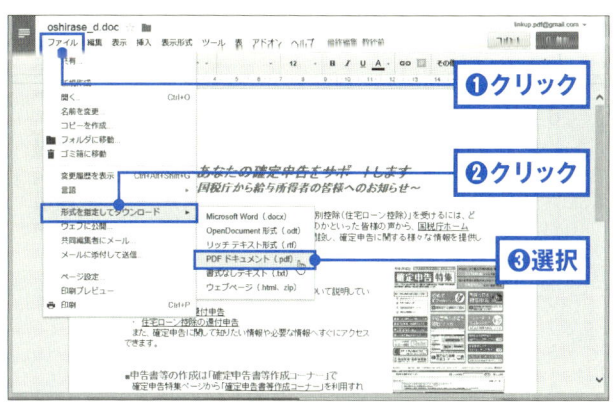

2 メニューから「ファイル」をクリックして❶、「形式を指定してダウンロード」をクリックし❷、「PDFドキュメント(.pdf)」を選択する❸。すると、パソコンにPDFとしてダウンロードされるので確認する。

83

034

入力欄のあるPDFを作成する

ここがポイント! PDF上に入力欄を作成できる

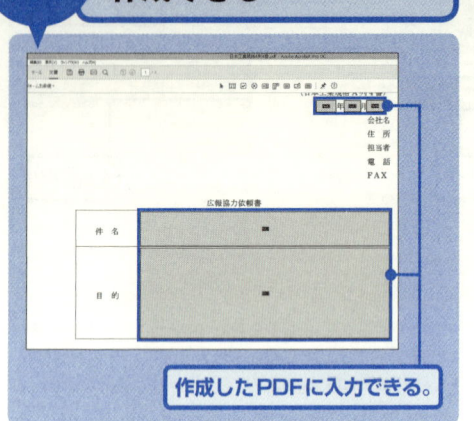

作成したPDFに入力できる。

PDFの中には、「入力欄」を作成することもできる。入力欄付きのPDFは、たとえばPDFを使った電子アンケートや、フォーマットが決まっていて数値だけが毎月、あるいは毎年変化する財務関連資料などの作成に便利で、使いこなすことができればビジネスの現場で役に立つことは多いはずだ。

ただし、「入力欄」付きのPDFの作成には、Adobe社の有料ソフト「Adobe Acrobat」を使う必要がある。

[Adobe Acrobat]

84

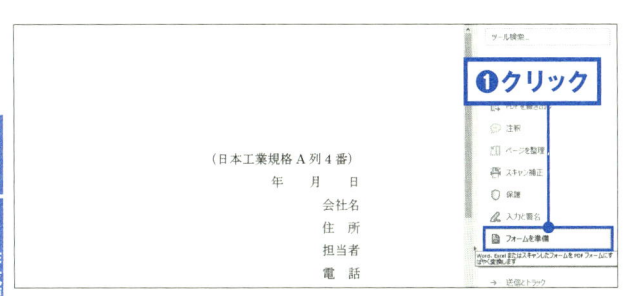

第2章 作成編 / これは便利！作成の効率UP術

1. Adobe AcrobatでPDFを表示し、「フォームを準備」をクリックして❶、次の画面で「開始」をクリックする。

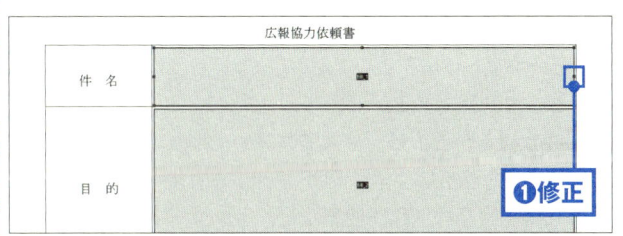

2. PDFの「枠」で囲まれている部分や「罫線」が引かれてる箇所は自動的に「入力欄」に設定されるので、正しい位置やサイズに修正する❶。

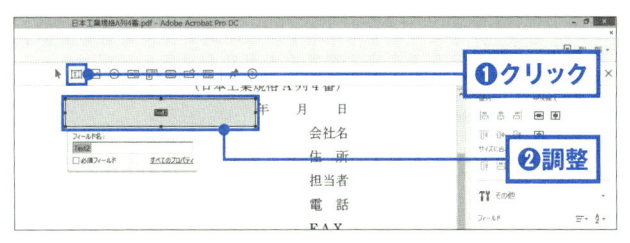

3. 「入力欄」を追加する場合は回をクリックし❶、位置やサイズを調整する❷。

85

COLUMN

コラム 2

PDFの利点とは

資料の管理から編集まで、ビジネスで多岐にわたる活躍を見せるPDFだが、具体的な利点は下記の3点に集約される。PDFは、Acrobat Reader（または互換アプリ）が動く環境であれば、ハードウェアやOSに関係なく表示できる。また、図表の挿入や特殊フォントの利用が可能でありながら、制作者の意図通りのレイアウトで表示できる。そして、PDFは「文字」をテキストデータとして保存しているため、コピー＆ペーストなども利用できる。

これらの利点から、ビジネスでのファイルのやり取りから公共文書まで、幅広い場面でPDFが利用されている。また最近では、電化製品の取扱説明書など、インターネット上で配布する文書のフォーマットとしても重宝されている。

① プラットフォームに関係なく利用できる（汎用性）

② 制作者の意図通り表示できる（再現性）

③ 文字をテキストデータとして扱える（利便性）

第 **3** 章

[編集編]

これは最強!
編集の効率UP術

035 分割して必要なページだけを抽出する

ここがポイント! 「CubePDF Utility」を使えば必要なページだけ抽出できる

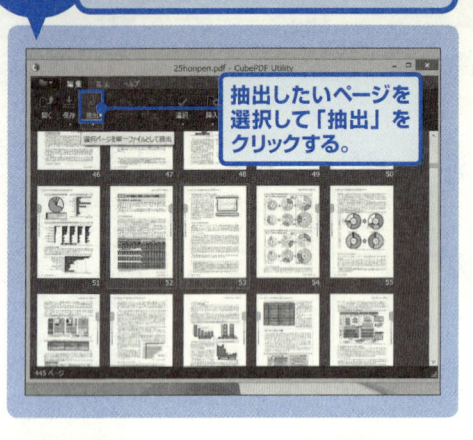

抽出したいページを選択して「抽出」をクリックする。

ページ数の多いPDFはファイルサイズが大きく、メールなどでやり取りする際には扱いづらい。一部のページだけが必要な場合は、必要なページだけを抽出して利用すれば、非常に効率的だ。

PDFからのページ抽出には、「CubePDF Utility」が便利だ。PDF内の全ページがサムネール表示されるので、必要なページを選択して「抽出」ボタンをクリックするだけで、かんたんにPDFを軽量化できる。

[CubePDF Utility]

1

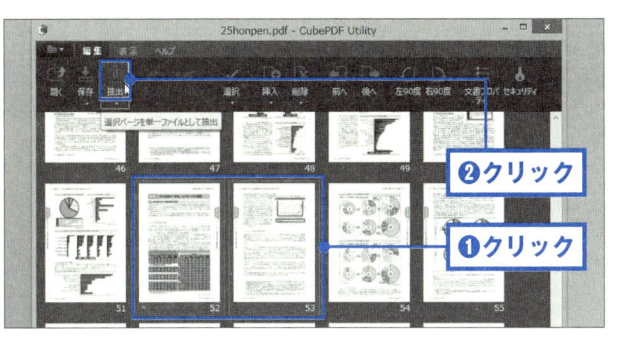

PDF内の全ページがサムネール表示されるので、抽出したいページを選択して❶、「抽出」をクリックする❷。なお、Shiftキーや Ctrl キーを押しながらクリックすると、複数のページをまとめて選択できる。

2

「名前を付けて保存」画面で、ファイル名と保存場所を設定して❶、「保存」をクリックする❷。

★One Point!★

「CubePDF Utility」のサムネールをダブルクリックすると、ページが大きく表示される。

89

036 複数のPDFを1つにまとめる

ここがポイント！ 複数のPDFを1つのファイルにまとめられる

> 別のPDFを挿入したいページを選択して、「挿入」をクリックする。

[CubePDF Utility]

特定ページのみの抽出とは逆に、複数のPDFを1つにまとめたい場合もあるだろう。たとえば、複数回の会議や講義で、1回分ずつ分けて配布される資料。そのような文書は、「ファイル名を連番にして、フォルダ単位で整理して……」といった整理方法も確かにあるが、**単一のPDFにまとめてしまうほうが扱いやすい**。「CubePDF Utility」を使えば、PDFの結合もかんたんにできる。

第3章 編集編

これは最強！編集の効率UP術

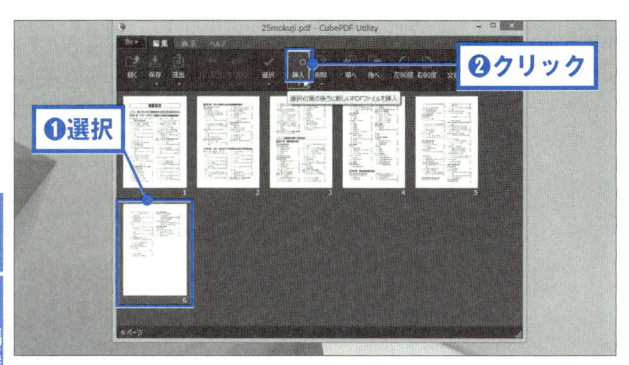

1 別のPDFを挿入したい直前のページを選択して❶、「挿入」をクリックする❷。

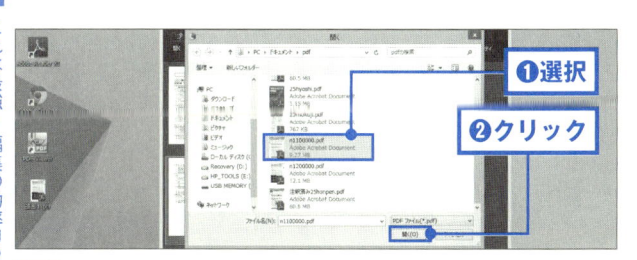

2 挿入したいPDFを選択して❶、「開く」をクリックする❷。

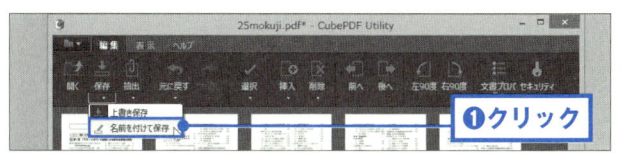

3 まとめたいPDFをすべて挿入したら、「保存」ボタン下の「▼」から「名前を付けて保存」をクリックし❶、ファイルを保存する。

91

037 カラーのPDFを白黒に変換する

ここがポイント! ファイルサイズの縮小、印刷時のインク節約などメリットが大きい

「プリンター」に「PDF reDirect」を選択する。

カラー写真や図版を多用したPDFは目に鮮やかだ。しかし、資料の中には白黒で提出を求められるものがあるし、カラーのPDFはデータサイズが大きく、扱いづらい場合もある。そのような場合はPDFを白黒化してしまおう。

「仮想プリンター」を使えば、PDFをかんたんに白黒化できる。フリーソフトの「PDF reDirect」や「Foxit J-Reader」には、仮想プリンターが搭載されている。

[PDF reDirect]

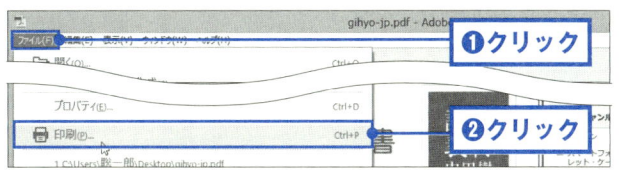

第3章 編集編 これは最強！編集の効率UP術

1 白黒化したいPDFをAcrobat Readerで表示し、「ファイル」をクリックして❶、「印刷」をクリックする❷。

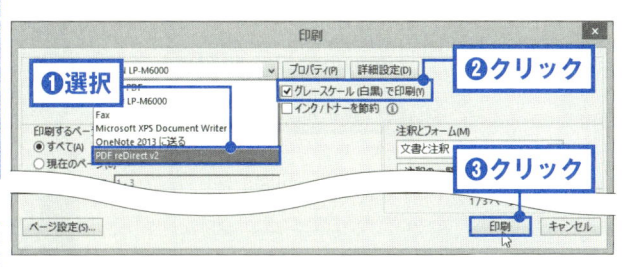

2 「印刷」画面が表示される。「プリンター」に「PDF reDirect」を選択し❶、「グレースケール（白黒）で印刷」をクリックしてチェックを付け❷、「印刷」をクリックする❸。

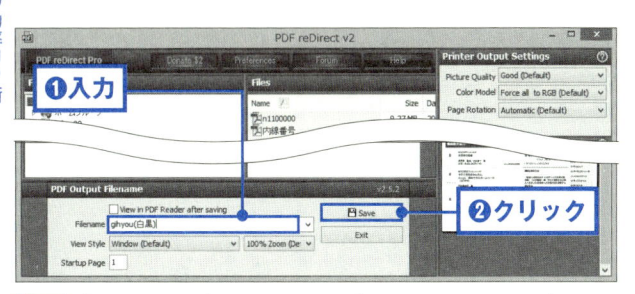

3 「PDF reDirect」が起動するので、「PDF Output Filename」でファイル名を入力し❶、「Save」をクリックすれば❷、デスクトップ上に白黒化されたPDFが出力される。

ここがポイント! PDFのタイトルや作者を変更できる

038

タイトルや作者を追加する

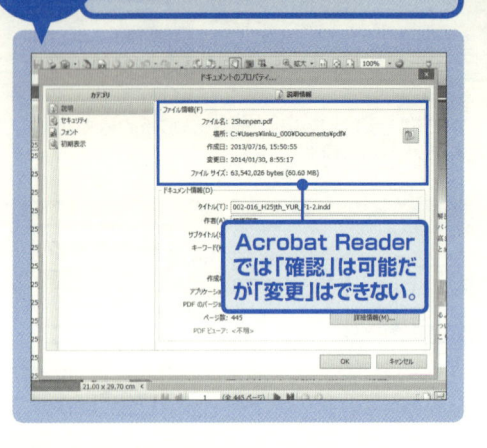

> Acrobat Readerでは「確認」は可能だが「変更」はできない。

PDFの**タイトルや作者**は、Acrobat Readerのメニューバーから「ファイル」→「プロパティ」を選択すると表示される「文書のプロパティ」画面の「概要」タブで確認できる。

なお、既存のPDFのタイトルや作者を変更したい場合は、「PDF-XChange Viewer」を使おう。メニューバーから「ファイル」→「ドキュメントのプロパティ」で「ドキュメントのプロパティ」画面を表示できる。

[PDF-XChange Viewer]

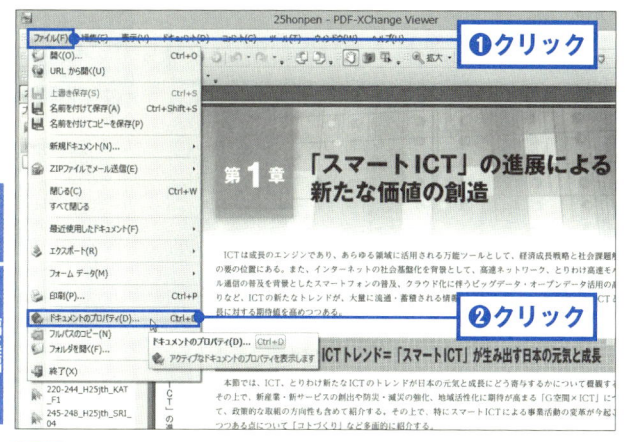

1 メニューバーから「ファイル」をクリックし❶、「ドキュメントのプロパティ」をクリックする❷。

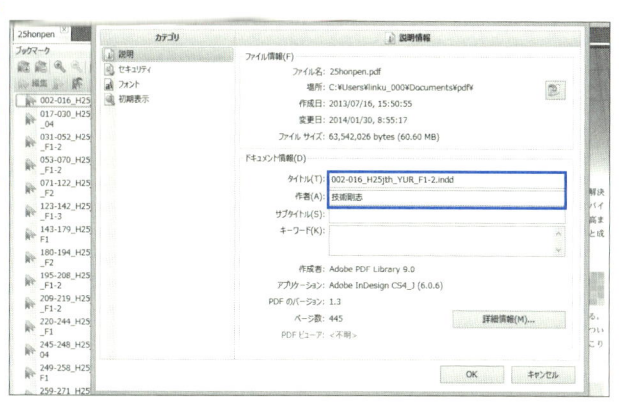

2 「ドキュメントのプロパティ」画面の「説明」タブで、PDFのタイトルや作者の確認、および変更が可能。

039 PDFにテキストボックスを追加する

ここがポイント! PDFにテキスト入力ができる

「注釈」ツールの国をクリックする。

要確認。
確認次第メールで報告するように

Acrobat Readerは基本的に「PDFリーダー」であり、本格的な編集はできない。だが、現在では注釈機能が大幅に強化されており、**テキスト入力なども可能になっている。**

テキストを入力するには、「注釈」ツールを表示して、国を選択する。その後、PDF文書の上でマウスをドラッグすると、テキスト入力ボックスが作成されるので、ボックス内に自由にテキストを入力しよう。

[Acrobat Reader]

「スマートICT」の進展による新たな価値の創造

1 画面右のツールパネルウィンドウで「注釈」をクリックして、🖹をクリックする❶。

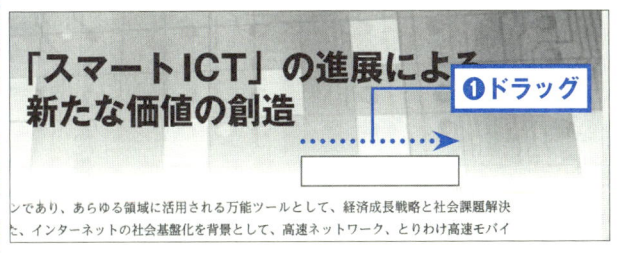

2 PDF上をマウスでドラッグすると❶、テキストボックスが作成できる。

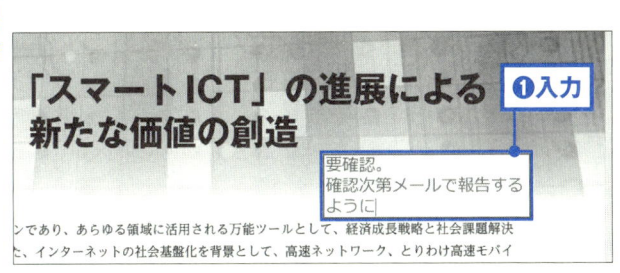

3 テキストボックス内にテキストを入力する❶。

要確認。
確認次第メールで報告するように

040

好きな場所に直接テキストを入力する

ここがポイント！ テキストボックスなしに、任意の場所にテキストを入力できる

「注釈」ツールのTをクリックする。

「テキストボックス」を使うことでPDFにテキストを入力することができるが、テキストボックスなしに、**PDF文書自体に直接テキストを入力**したい場合もあるだろう。

PDFに直接テキストを入力したい場合は、「注釈」ツールを表示してTを選択する。すると、マウスカーソルが「A」の表示に変わるので、テキストを入力したい位置をクリックして、PDFに直接テキストを入力できる。

[Acrobat Reader]

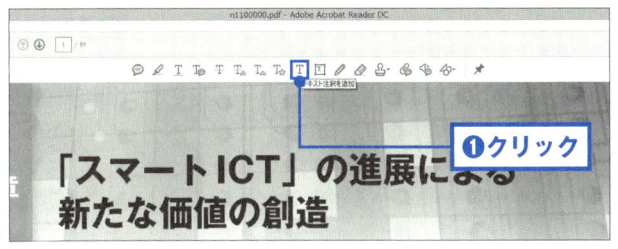

1 画面右のツールパネルウィンドウで「注釈」をクリックして、Tをクリックする❶。

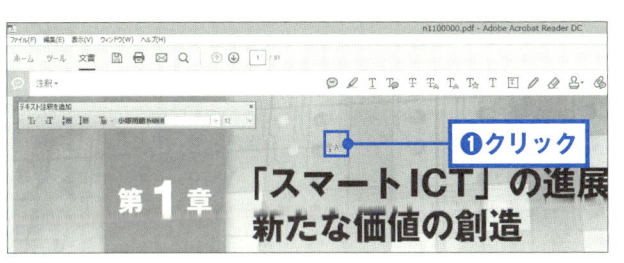

2 マウスのカーソルが「IA」の表示に変わり、「テキスト注釈を追加」ツールバーが表示される。テキストを入力したい位置をクリックする❶。

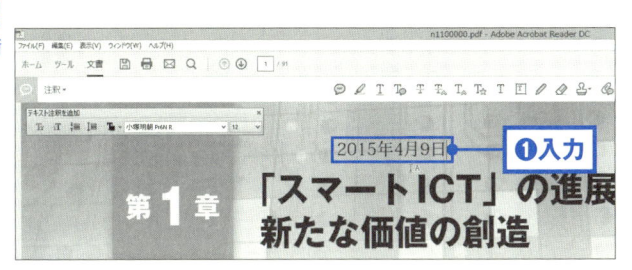

3 テキストボックス内にテキストを入力する❶。

041

間違った部分に取消線を引く

ここがポイント！ PDFの間違った部分に取消線を書き込める

「注釈」ツールの T をクリックする。

[Acrobat Reader]

文書の校正作業において、不要な文章や単語のカットは不可欠だ。もちろん、Acrobat Readerの注釈機能には、不要な文章や単語に「取消線」を引く機能も備わっている。

PDFに取消線を引きたい場合は、Tをクリックし、マウスカーソルが「I」に変わったら、「取消線」を引きたい文字列をマウスでドラッグする。また、「取消線」をダブルクリックすると、コメントの入力も可能だ。

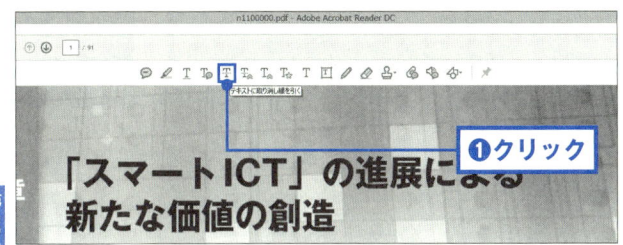

「スマートICT」の進展による新たな価値の創造

1 画面右のツールパネルウィンドウで「注釈」をクリックして、Tをクリックする❶。

2 「取消線」を引きたい文字列をドラッグすると❶、ドラッグした箇所に「取消線」が引ける。

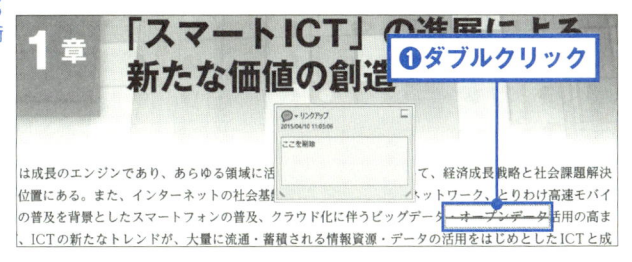

3 「取消線」をダブルクリックすると❶、コメントの入力ができる。

042

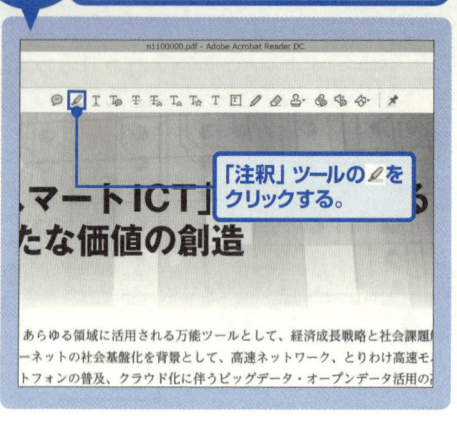

ラインマーカーで強調する

[Acrobat Reader]

ここがポイント！ PDFにラインマーカーを引き、コメントを書き込める

「注釈」ツールの🖊をクリックする。

文書のチェックをしていれば、ときには特定の**文章や単語をラインマーカーで強調**したいこともあるだろう。Acrobat Readerの注釈機能なら、もちろんこれも可能だ。🖊をクリックして、マウスカーソルが「I」に変わったら、「ラインマーカー」を引きたい文字列をマウスでドラッグする。また、「ラインマーカー」をダブルクリックすると、コメントの入力もできる。

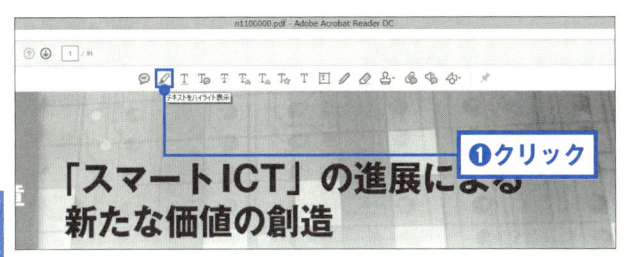

1 画面右のツールパネルウィンドウで「注釈」をクリックして、✐をクリックする❶。

2 「ラインマーカー」を引きたい文字列をドラッグすると❶、「ラインマーカー」が引ける。

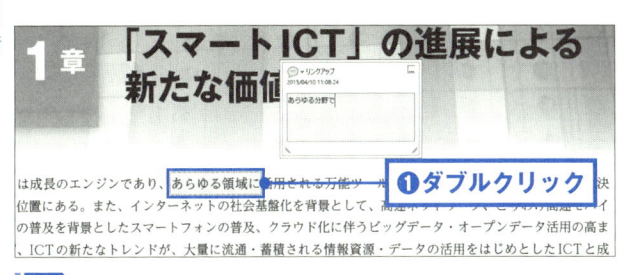

3 「ラインマーカー」をダブルクリックすると❶、コメントの入力ができる。

ここがポイント！ PDFにコメントを書き込める

043

PDFにコメントを挿入する

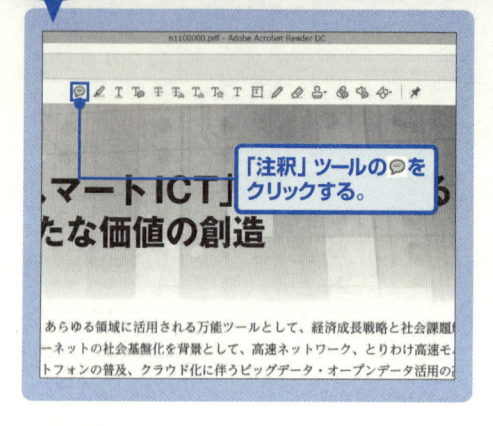

「注釈」ツールの💬をクリックする。

文書校正において、自分の意図を正確に相手に伝えるのは、意外と難しい。こういった場合は、「ノート注釈」を使おう。💬を選択すると、マウスカーソルが「吹き出し」の形に変わる。この状態のとき、PDF文書をクリックすると、クリックした場所に「ノート注釈」のマーク💬が配置されるので、ここにコメントを入力できる。入力したコメントの吹き出しが邪魔な場合は、**ダブルクリックしてたたむ**ことができる。

[Acrobat Reader]

104

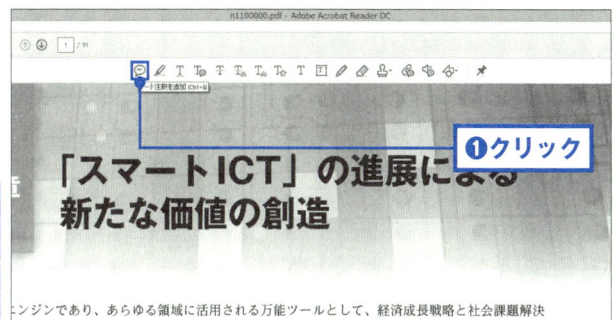

1 画面右のツールパネルウィンドウで「注釈」をクリックして、💬をクリックする❶。

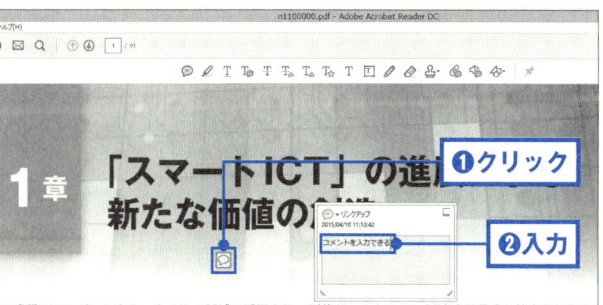

2 PDF文書をクリックすると❶、クリックした箇所に💬が配置されるので、コメントを入力する❷。

★One Point !★

コメントを再編集したい場合は、💬をダブルクリックする。

044 PDFに手書きで文字を書く

ここがポイント！ 「フリーハンド」ツールなら自由に書き込める

マウスをドラッグして文字を書ける。

Acrobat Readerの注釈機能では、さまざまなツールを駆使して注釈を書き込めるが、実は「手書き文字」も書き込める。マウスのドラッグで記入することになるため、きれいな文字を書くのはかなり難しいが、使い方によっては**図形では出せない"味"のある表現が可能になる。**

また、記入した手書き文字は図形やマークの注釈と同様に扱われ、コメントも記入できる。

[Acrobat Reader]

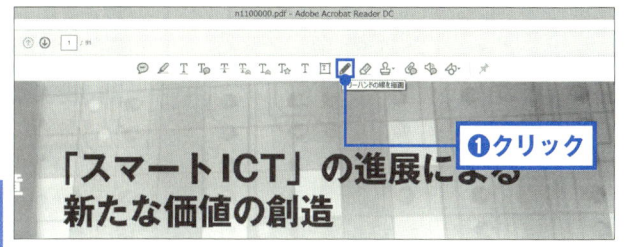

1 画面右のツールパネルウィンドウで「注釈」をクリックして、🖉をクリックする❶。

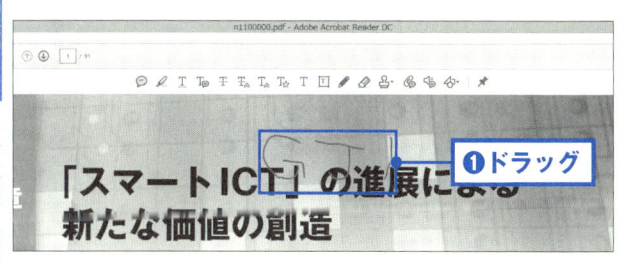

2 マウスをドラッグすることで❶、文字などを手書きで書き込める。

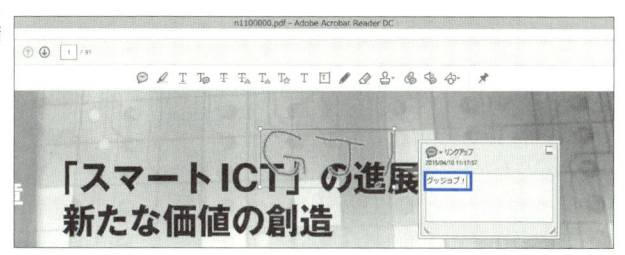

3 通常の注釈と同様、ダブルクリックすればコメントの記入も可能だ。

045 ブックマークを挿入する

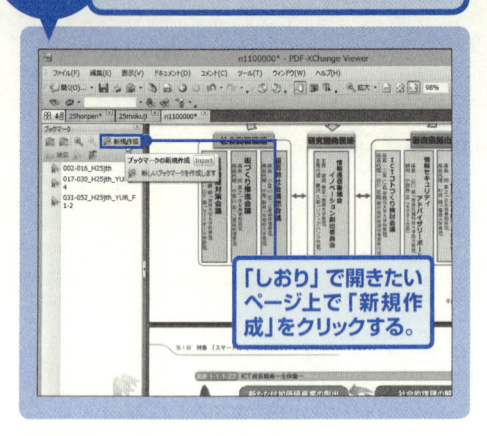

ここがポイント！ 「しおり」を作っておけば目的のページにすばやく移動できる

「しおり」で開きたいページ上で「新規作成」をクリックする。

[PDF-XChange Viewer]

　PDFには目次機能があるが、いつも参照するページがある場合には、「しおり」を作っておくと便利だ。
　「PDF-XChange Viewer」で「しおり」(ブックマーク)を作るには、「しおり」で開きたいページを表示して、画面左「ブックマーク」パネルの「新規作成」ボタンをクリックする。すると、「無題」と書かれた「しおり」が作成されるので、自分のわかりやすい名前を設定しよう。

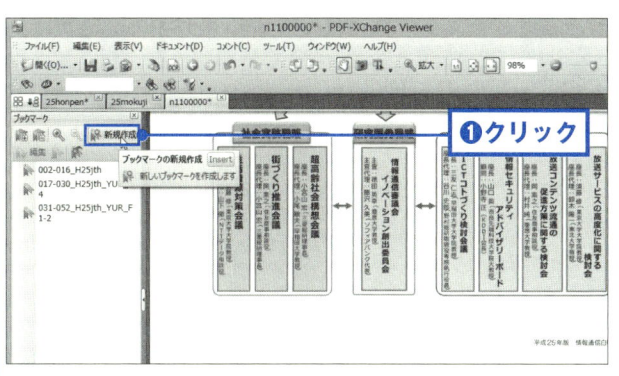

1 「しおり」で開きたいページを表示して、「新規作成」をクリックする❶。「ブックマーク」パネルが表示されていない場合は、「表示」→「ブックマーク」から表示する。

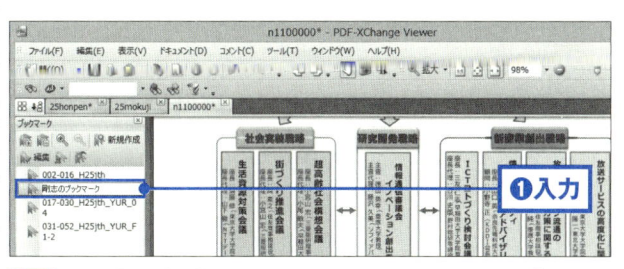

2 名称「無題」の「しおり」が作成されるので、名前を入力する❶。ブックマークをクリックすると登録したページが表示される。なお、マウスのドラッグでブックマークの位置を移動できる。

★One Point！★

ここで作成したブックマークは、Acrobat Readerでももちろん利用することができる。Acrobat Readerでは、ナビゲーションパネル(P.5)から表示可能だ。

046

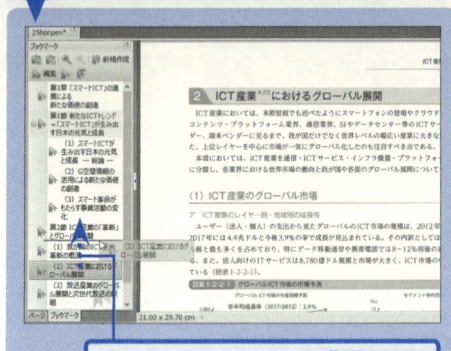

目次を作成する

ここがポイント！「ブックマーク」を階層化すれば、目次として利用できる

ブックマークをドラッグして階層化する。

PDFに挿入したブックマークは、目次として利用することもできる。ページ数の多いPDFでは、書籍などと同様に、目次がないと目的のページを見つけづらい。そういった場合は、「章」や「節」ごとにブックマークを作り、これを階層化しよう。たちまちブックマークが立派な目次になる。

なお、ブックマークの階層化も、「PDF-XChange Viewer」で行おう。

[PDF-XChange Viewer]

1 P.109を参照して「ブックマーク」パネルを表示する。各ブックマークをドラッグすると移動、または階層化できる❶。

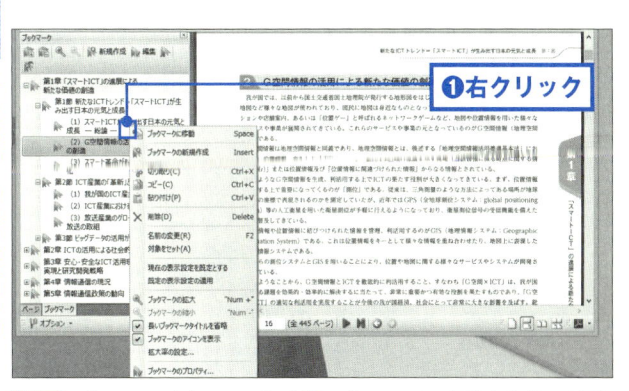

2 ブックマークを右クリックすると❶、ブックマークの削除や名前の変更も可能だ。

★One Point!★

移動と階層化の違いは少しわかりにくいが、ドラッグした際に表示される「赤い下線」の長さで、移動と階層化をコントロールできる。

047 コメントの色を変更する

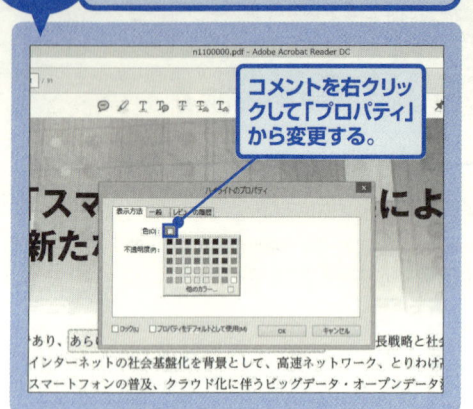

ここがポイント！ 注釈マークの色を自由に変更できる

> コメントを右クリックして「プロパティ」から変更する。

初期状態のAcrobat Readerでは、「ラインマーカー」や「ノート注釈」は黄色、「取消線」は赤色となっている。だが、**これらの色はすべて、ユーザーが自由に変更できる。**

「注釈」のマークを右クリックして、メニューから「プロパティ」を選択すると、それぞれの注釈の「プロパティ」画面が表示される。この画面の「表示方法」タブで、「注釈」のマークやコメント入力枠の色を自由に変更できる。

[Acrobat Reader]

新たな価値の創造

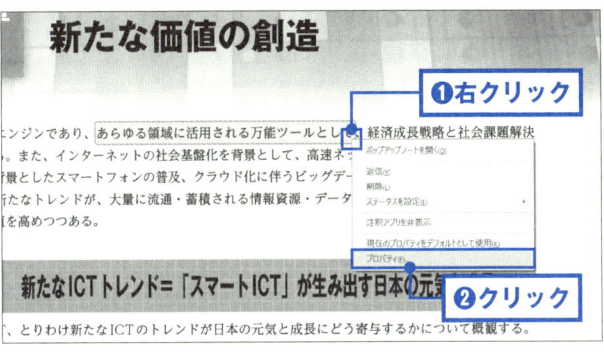

ンジンであり、あらゆる領域に活用される万能ツールとし― 経済成長戦略と社会課題解決
。また、インターネットの社会基盤化を背景として、高速ネッ
背景としたスマートフォンの普及、クラウド化に伴うビッグデー
たなトレンドが、大量に流通・蓄積される情報資源・データ
を高めつつある。

❶右クリック

新たなICTトレンド＝「スマートICT」が生み出す日本の元気

、とりわけ新たなICTのトレンドが日本の元気と成長にどう寄与するかについて概観する。

❷クリック

1 「注釈」のマークを右クリックし❶、「プロパティ」をクリックする❷。

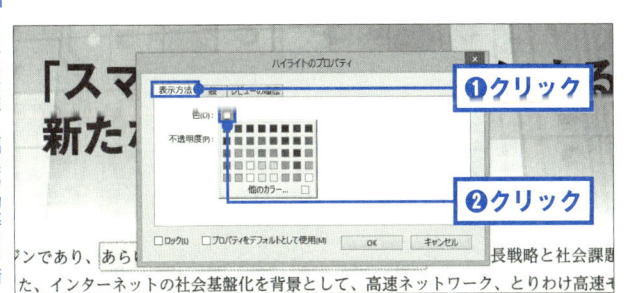

「ハイライトのプロパティ」画面

❶クリック 表示方法タブ

❷クリック 色の選択

2 「プロパティ」画面の「表示方法」タブをクリックし❶、コメントの色を選択する❷。

★One Point！★

「いつも利用する色のパターン」が決まっているのであれば、「プロパティをデフォルトとして使用」にチェックを付けよう。以後は現在の「プロパティ」画面の設定値がAcrobat Readerの初期値になるので、変更の手間が省ける。

048

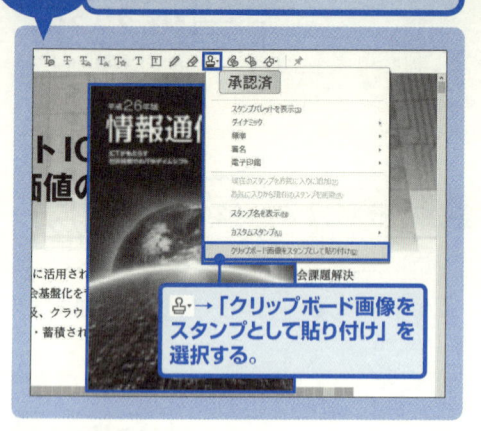

PDFに新しい図版を挿入する

[Acrobat Reader]

ここがポイント！ PDFに図版を挿入できる

> ・→「クリップボード画像をスタンプとして貼り付け」を選択する。

PDFの注釈機能は、チェック作業や共同作業の際に力を発揮するが、文章だけでは伝えづらいこともある。"百聞は一見にしかず"というように、微妙なニュアンスの伝達には、文字より画像のほうがずっと優れている。

Acrobat ReaderではPDFに挿入できる。これを利用すれば、既存の図版や「ペイント」などで作成したイラストを、PDFに自由に挿入できて便利だ。

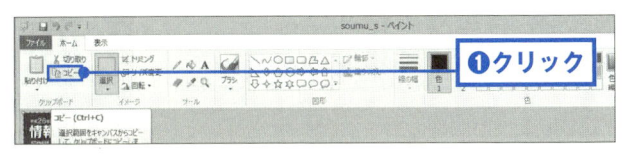

1 「ペイント」などで挿入したい画像を「クリップボード」にコピーする❶。

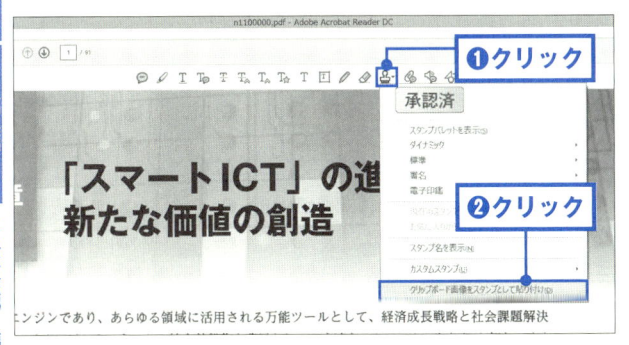

2 画面右のツールパネルウィンドウで「注釈」をクリックし、🖼を クリックして❶、「クリップボード画像をスタンプとして貼り付け」をクリックする❷。

3 PDF文書の任意の場所をクリックすると❶、クリックした場所に図版が挿入できる。

第3章 編集編 これは最強！編集の効率UP術

115

049 PDFに電子印鑑を挿入する

ここがポイント！ 日付などが入った電子印鑑を挿入できる

→「電子印鑑」をクリックする。

ビジネスにおける書類作業では「印鑑」が不可欠だ。とくに、自分の名前や役職、年月日が入った印鑑は必須と言ってよい。

PDFでは「電子印鑑」と呼ばれるデジタル画像のスタンプを使うことができる。ビジネス現場でお馴染みの、名前や社名、役職、日付といった情報が入った印鑑を選択可能。「電子印鑑」を挿入したい場所をクリックするだけで押すことができる。なお、「電子印鑑」に入力される内容も編集可能だ。

[Acrobat Reader]

❶クリック

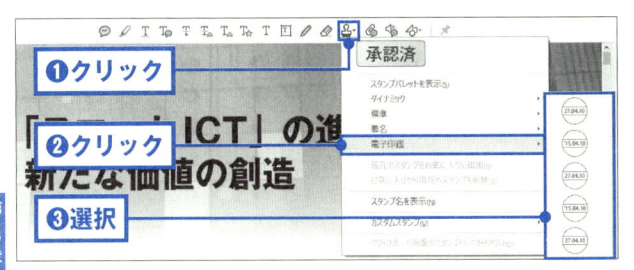

❷クリック

❸選択

1. 画面右のツールパネルウィンドウで「注釈」をクリックする。 🔖・をクリックし❶、「電子印鑑」をクリックして❷、使用する電子印鑑を選択する❸。

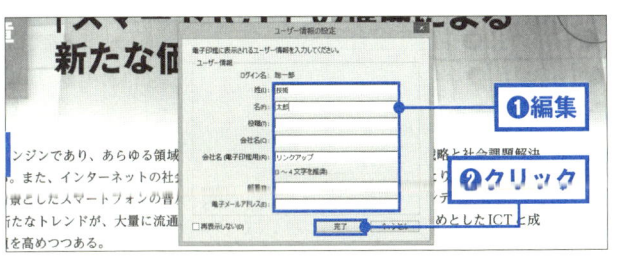

❶編集

❷クリック

2. 「電子印鑑」に入力される個人情報を編集し❶、「完了」をクリックする❷。

❶クリック

3. PDF文書の任意の場所をクリックすると❶、「電子印鑑」を挿入できる。

050

編集した内容を削除する

ここがポイント！ 追加した「注釈」はかんたんに削除できる

> 右クリックして「削除」を選択する。

PDFに加えた「注釈」などの編集内容は、**もちろん削除も可能だ**。削除方法はいくつかある。もっともわかりやすいのは、「ラインマーカー」や「取消線」といった「注釈」を直接右クリックし、「削除」を選択する方法だ。キーボードを使う場合は、「注釈」をクリックして Delete キーでも削除できる。

また、注釈の一覧から右クリックして削除もできる。この方法であれば、注釈をいちいち探す手間が省ける。

[Acrobat Reader]

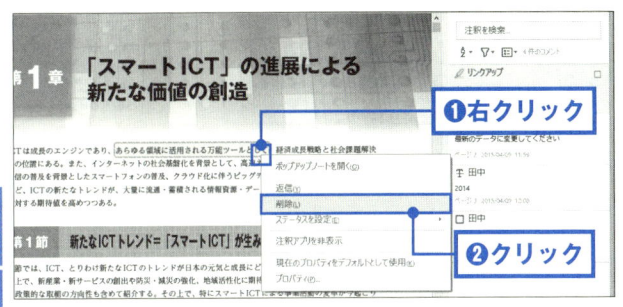

1 「注釈」のマークを右クリックして❶、削除をクリックする❷。もしくは選択して Delete キーを押す。

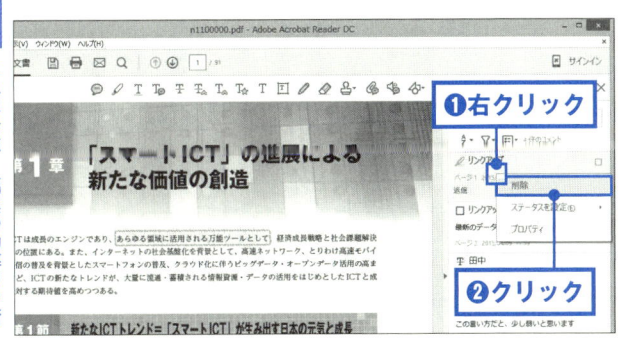

2 注釈の一覧から削除したい注釈を右クリックして❶、「削除」をクリックする❷。もしくは選択して Delete キーを押す。

★One Point!★

直前に加えた編集内容だけを削除したいのであれば、メニューバーから「編集」→「元に戻す」、またはキーボードで Ctrl キー+ Z キーを同時押しすることでも削除できる。

119

051

PDFにWebページのリンクを追加する

ここがポイント！ 文字列にWebページへのリンクを設定できる

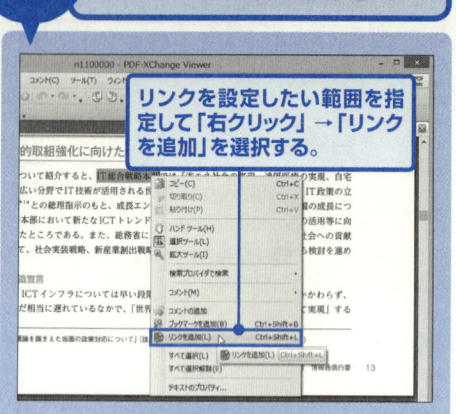

> リンクを設定したい範囲を指定して「右クリック」→「リンクを追加」を選択する。

PDFにはしばしば、Webページの「URL」や「メールアドレス」が記述されている。これらは、基本的には単なるテキストだが、クリックするだけでWebページが表示されたり、メールの「新規作成」画面が起動するというように非常に便利だ。

PDF中のテキストにリンクを設定するには、リンクを設定したい文字列をマウスでドラッグして、右クリックして「リンクを追加」から設定しよう。

[PDF-XChange Viewer]

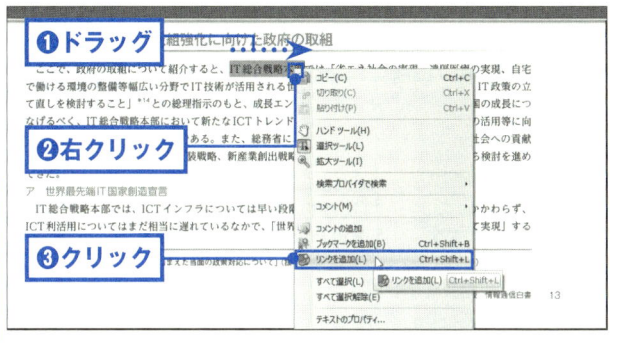

❶ドラッグ
❷右クリック
❸クリック

1 選択ツールに切り替えて、リンクを設定する文字列をドラッグで指定し❶、右クリックして❷、「リンクを追加」をクリックする❸。

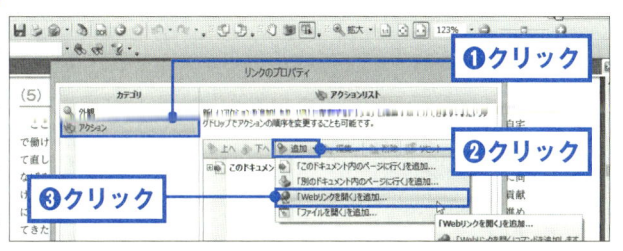

❶クリック
❷クリック
❸クリック

2 「アクション」タブをクリックして❶、「追加」をクリックし❷、「『Webリンクを開く』を追加」をクリックする❸。

❶入力
❷クリック

3 リンク先の「URL」を入力して❶、「OK」をクリックすると❷、選択した範囲にリンクが設定される。ここでメールアドレスを入力した場合は、クリックするとメールソフトが起動するようになる。

121

052 不必要な透かしを削除する

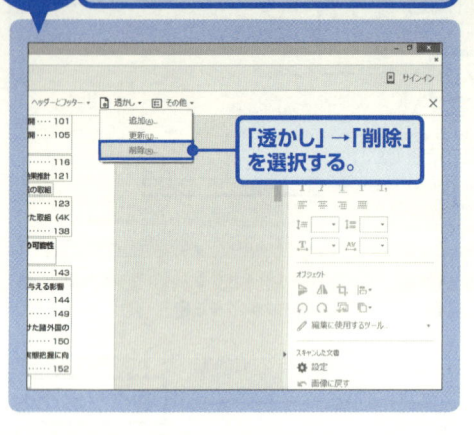

ここがポイント！ ソフトを使えばPDFの「透かし」を削除できる

「透かし」→「削除」を選択する。

PDFで配布される文書には、制作者を明示するため、あるいは無制限なコピー防止のため、「透かし」が入れられているものがある。これらは、著作権保護のために必要なものではあるが、閲覧や印刷時には邪魔に感じることが多い。

Adobe Acrobatなら、「透かし」をかんたんに削除できる。「透かし」の入ったPDFをAcrobatで表示して、「PDFを編集」から「透かし」→「削除」を選択しよう。

[Adobe Acrobat]

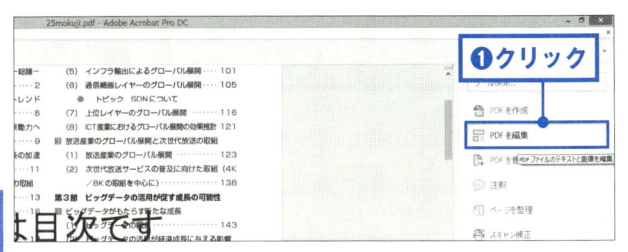

1 透かしの入ったPDFをAdobe Acrobatで表示し、ツールパネルウィンドウで「PDFを編集」をクリックする❶。

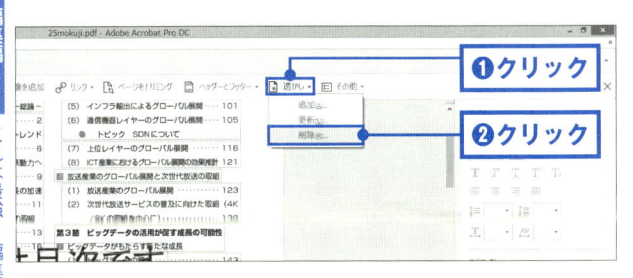

2 「透かし」をクリックして❶、「削除」をクリックする❷。

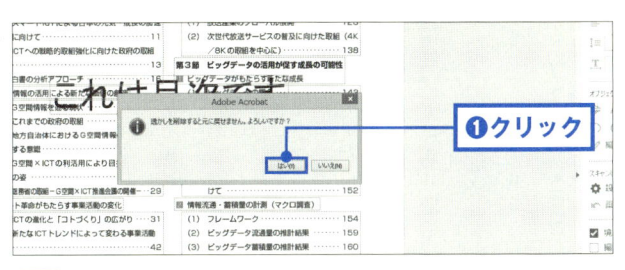

3 確認画面で「はい」をクリックする❶。

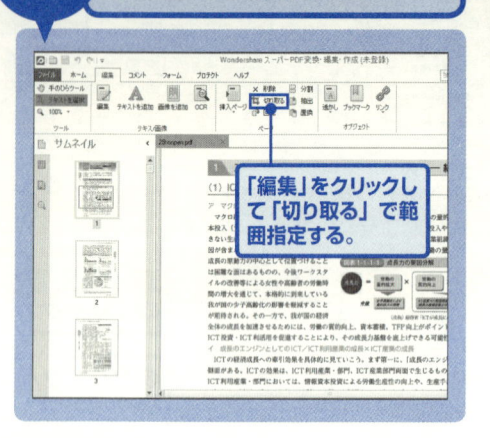

053 PDFの不要な部分をトリミングする

ここがポイント！ PDFの不要な部分を「トリミング」できる

「編集」をクリックして「切り取る」で範囲指定する。

必要な部分だけを抜き出す「トリミング」は、デジカメ写真のレタッチなどでよく利用されるが、PDFも「トリミング」が可能だ。必要な部分だけを「トリミング」すれば、とくに印刷時の用紙の無駄を減らせる。

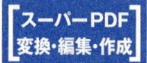

リボンの「編集」→「切り取る」を選択すると、マウスカーソルが変化する。この状態のとき、マウスのドラッグで範囲指定ができるので、範囲を指定して範囲内をダブルクリックしよう。

[スーパーPDF 変換・編集・作成]

1 「編集」タブをクリックし❶、「切り取る」をクリックする❷。

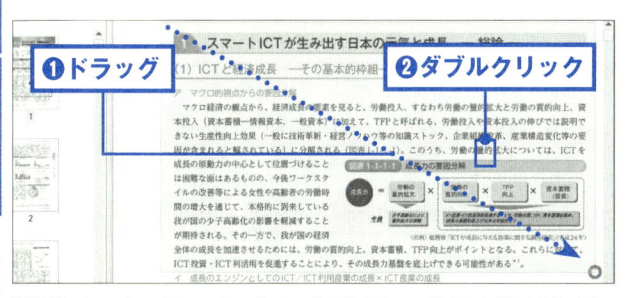

2 ドラッグして❶、トリミングしたい範囲を指定し、選択した範囲内をダブルクリックする❷。

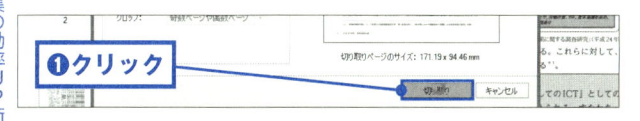

3 「切り取り設定」画面が表示されるので、「切り取り」をクリックする❶。

★One Point!★

「スーパーPDF変換・編集・作成」は有料ソフトで、無料の体験版には大きな制限がある。PDFの保存は「最大5ページまで」で、保存を行うと大きな販促用の通知が刻印されてしまう。編集したPDFを保存したい場合は有料版を購入する必要がある。

054 向きを回転して保存する

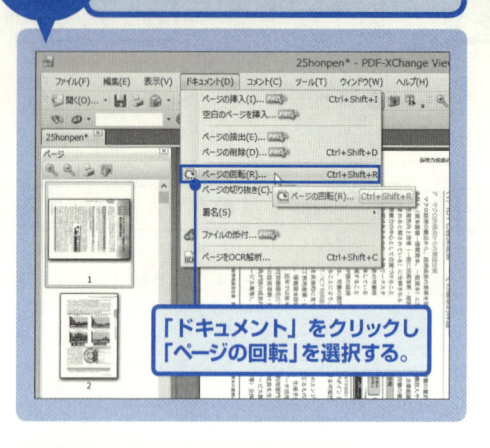

ここがポイント! 向きを変更したPDFをそのまま保存できる

「ドキュメント」をクリックし「ページの回転」を選択する。

PDFの表示を回転させる方法については P.30「PDFの向きを変更する」で解説したが、この方法では実は、「見た目」を回転させて表示できるだけで、「回転させた状態のPDF」を作れるわけではない。なので、再度PDFを開いた際には、表示は元通りになってしまう。

そんなときに便利なのが、「PDF-XChange Viewer」だ。これを使えば、PDFの向きを回転させたまま保存できる。

[PDF-XChange Viewer]

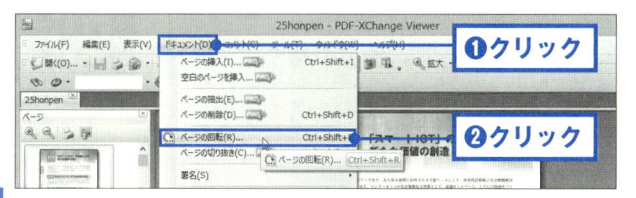

1 「ドキュメント」をクリックし❶、「ページの回転」をクリックする❷。

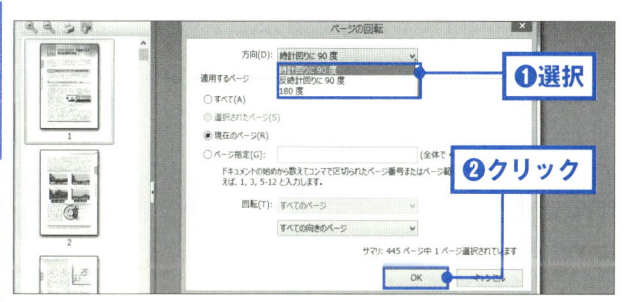

2 「方向」から回転させたい角度を選択し❶、「OK」をクリックする❷。

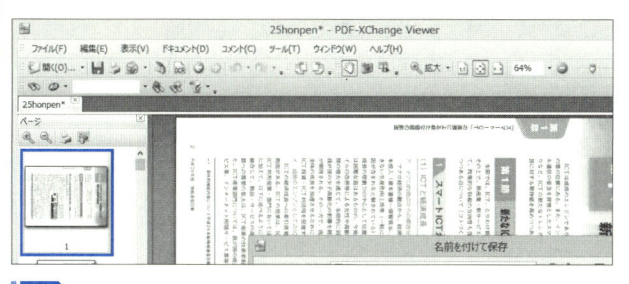

3 「回転させた状態のPDF」ができるので保存する。

055

2ページのPDFを1ページにまとめる

[Foxit]

ここがポイント! 仮想プリンターで2ページを1ページにまとめる

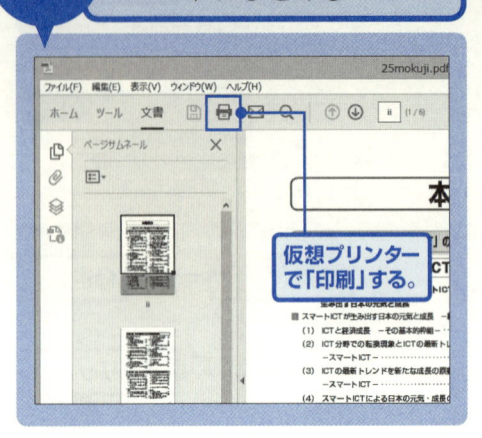

仮想プリンターで「印刷」する。

PDFは通常、1ページごとに切り離されているが、マニュアルなどをPDF化したものなどは、紙の本と同様に見開き2ページで扱いたい場合もあるだろう。そういった場合は、「**仮想プリンター**」を使って、2ページを1ページにまとめたPDFを作成するとよい。

なお、作成したPDFの文書の向きが間違っている場合は、P.126「向きを回転して保存する」で説明した方法で修正しよう。

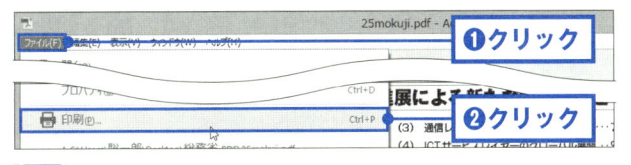

1 「ファイル」をクリックし❶、「印刷」をクリックする❷。

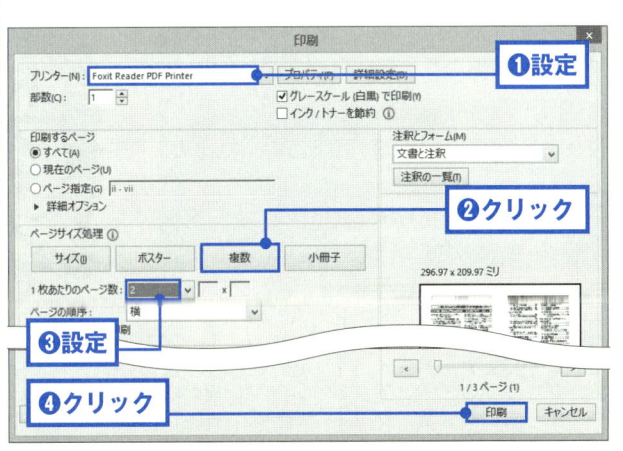

2 「プリンター」を「Foxit Reader PDF Printer」に設定し❶、「複数」をクリックし❷、「1枚あたりのページ数」を「2」に設定する❸。設定が完了したら、「印刷」をクリックする❹。

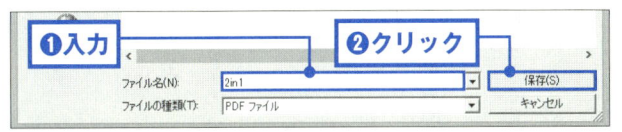

3 「Print to PDF Document」画面でファイル名を入力し❶、保存場所を設定して「保存」をクリックする❷。

129

056 スマートフォンでPDFを編集する

ここがポイント！ スマートフォン上でもPDFは編集可能

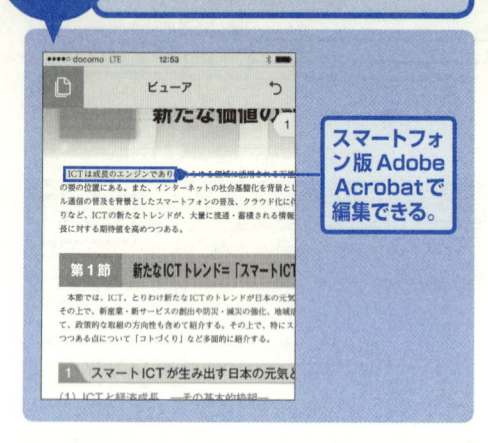

> スマートフォン版Adobe Acrobatで編集できる。

どんなプラットフォーム上でもレイアウトが崩れないのは、PDFの最大の利点だ。これは、スマートフォンの場合も同様で、スマートフォンのPDFビューアーから、パソコンで見るのと同じレイアウトで閲覧できる。

また、**スマートフォン版Adobe Acrobat**を使えば、スマートフォン上でPDFを編集することもできる。パソコン版より機能は少ないが、注釈を入れる程度ならかんたんだ。

[スマホ版 Adobe Acrobat]

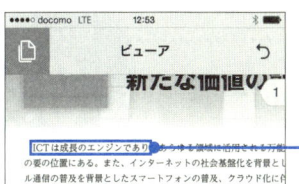

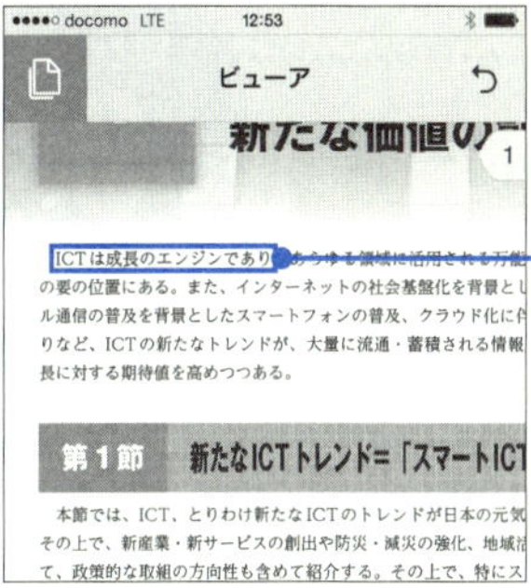

❶長押し

1. スマートフォン版Adobe AcrobatでPDFを表示し、注釈を加えたい箇所、もしくはテキスト上を長押しする❶。

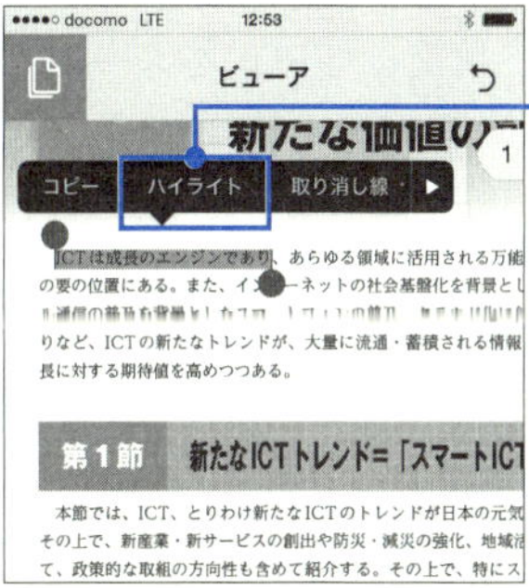

❶タップ

2. 長押しした箇所に応じた「注釈」ツールが表示される。ここでは「ハイライト」をタップする❶。

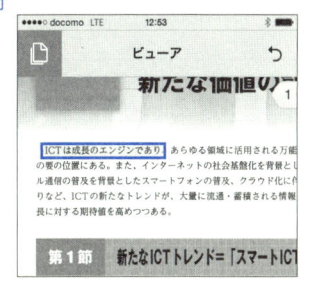

3. 「作成者名」画面が表示されたら、名前を入力するか「スキップ」をタップしよう。テキストにハイライトが適用される。

COLUMN

コラム **3**

編集したPDFをメールに すばやく添付する

PDFは、自分で利用する用途でも便利だが、もっとも力を発揮するのは配布用フォーマットとしての用途だ。高い汎用性とレイアウトの維持を両立させているという点で、PDFはずば抜けているからだ。

それゆえに、PDFを電子メールに添付する機会は多いはずだが、Acrobat Readerには実は、編集したPDFをメールにすばやく添付する機能が備わっている。

メニューバーから「ファイル」→「ファイルを送信」→「電子メールに添付」を選択すると、「電子メールを送信」画面が表示される。この画面で「デフォルトの電子メールアプリケーション」を選択して「続行」をクリックすると、現在表示中のPDFが添付された状態で、メールの新規作成画面が起動する。ちょっとした小技ではあるが、覚えておくと便利だ。

> ★ One Point ! ★
>
> Windows 8／8.1の「メール」アプリは「MAPI」非対応なため、Acrobat Readerから呼び出すことはできない。ここで説明した機能を利用するには、「Outlook」や「Windows Liveメール」など、「MAPI」対応メールソフトをあらかじめパソコンにインストールしておく必要がある。

第4章

印刷編
これは必須！
印刷の効率UP術

057 部数を指定して印刷する

ここがポイント! 必要な数だけ印刷できる

> 「部数」で、印刷部数を設定する。

PDFを複数印刷する場合は、部数の設定を行おう。印刷部数の設定は、「印刷」画面左上の「部数」で行える。作成したい部数を数字で入力しよう。なお、「部数」を「2」以上に設定すると「部単位で印刷」が設定可能になる。このチェックを付けると、「P.1→P.2→P.3→P.1→P.2→P.3→……」（全3ページの文書の場合）の順で印刷されるので、印刷後にまとめるのが楽になる。

[Acrobat Reader]

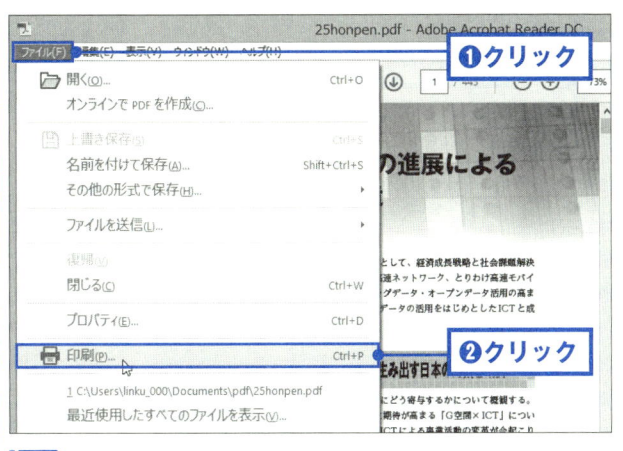

1 メニューバーから「ファイル」をクリックし❶、「印刷」をクリックする❷。

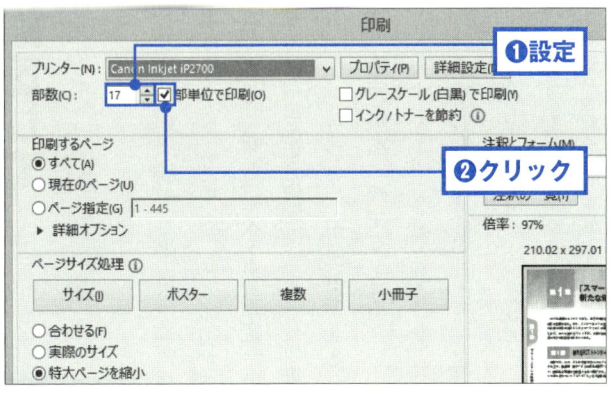

2 「部数」から印刷部数を設定し❶、「部単位で印刷」をクリックしてチェックを付ける❷。

058 必要な部分だけを指定して印刷する

[Acrobat Reader]

ここがポイント! 必要なページだけを指定して印刷できる

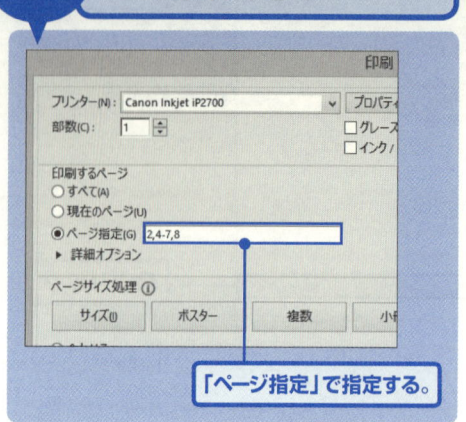

「ページ指定」で指定する。

　PDFを印刷する際に、必要な部分だけを「ページ指定」して印刷することができる。なお、「ページ指定」の入力欄では、ページ指定に「-」(ハイフン)と「,」(カンマ)が使用できる。「-」は「範囲指定」に使う記号で「3-7」と入力すると、「3ページ目から7ページ目まで」が印刷対象となる。一方「,」は区切り記号として使う。「2, 5, 7」と入力すれば、「2ページ目」「5ページ目」「7ページ目」が印刷対象になる。

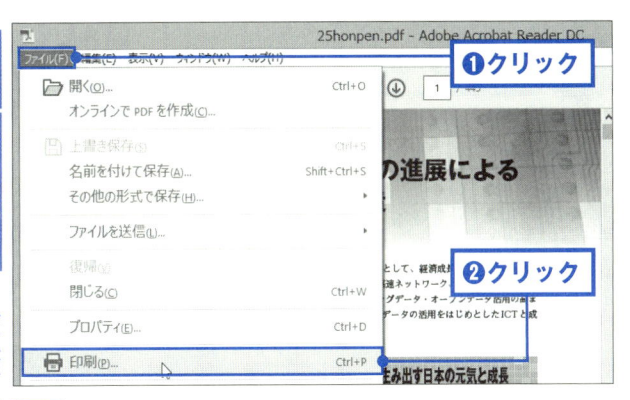

第4章 印刷編 これは必須！印刷の効率UP術

1 メニューバーから「ファイル」をクリックし❶、「印刷」をクリックする❷。

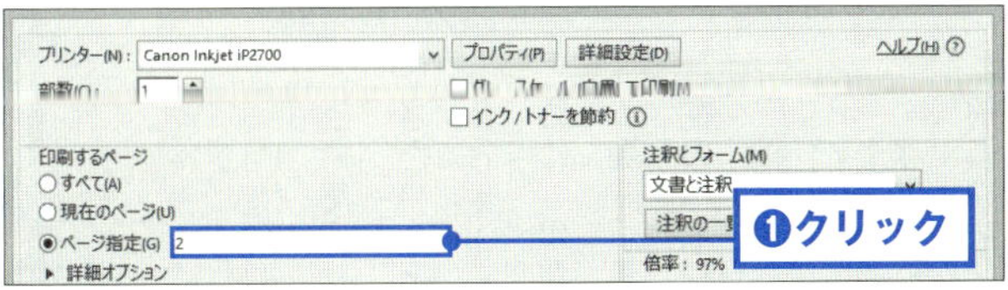

2 「ページ指定」をクリックすると❶、右にある入力欄で印刷するページを指定できる。

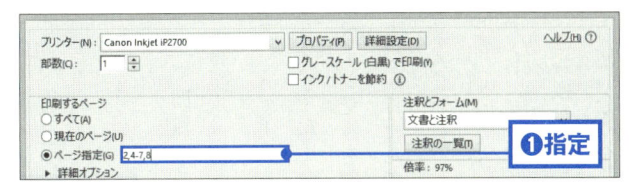

3 「-」と「,」を使って、複数のページを印刷対象として指定できる❶。

137

059

今表示しているページを印刷する

ここがポイント！ 表示中のページだけ印刷する機能が便利

「現在のページ」を選択する。

PDFをパソコン上で閲覧していると、表示中のページを紙資料で取っておきたいことが結構ある。Acrobat Readerにはそういった場合のために、現在表示中のページだけを印刷する機能がある。使い方はかんたんで、「現在のページ」を選択するだけだ。

指定したページを印刷する方法は、P.136「必要な部分だけを指定して印刷する」で紹介したが、こちらのほうが直感的にわかりやすいので、使い分けるとよい。

[Acrobat Reader]

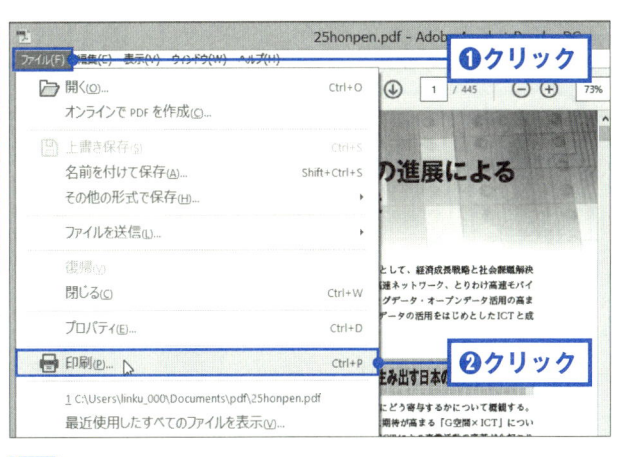

![画面:ファイルメニュー]

1 「ファイル」をクリックし❶、「印刷」をクリックする❷。

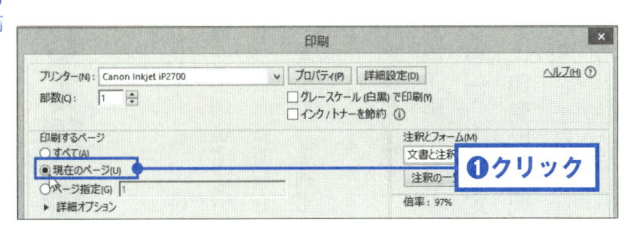

![画面:印刷ダイアログ]

2 「現在のページ」をクリックする❶。

★One Point!★

実際に印刷されるのは、「ページ指定」欄に表示されているページだ。ページの区切りをまたいで表示している場合には、目的のページ以外が印刷対象になってしまう場合もあるので、印刷前にはきちんと確認しておこう。

060 サムネールを選択して印刷する

ここがポイント！ 目で見て必要なページを選んで印刷できる

Shiftキーや Ctrl キーを押しながら複数のページを選択する。

P.136では、直接ページ番号を入力して印刷する方法を説明したが、実はもっと直感的な方法がある。それは、「サムネール」を利用する方法だ。

「ページサムネール」上で印刷したいページを選択し、「右クリック」→「ページを印刷」を選択すると、選択したページが「ページ指定」欄に入力済みの状態で「印刷」画面が開く。Shift キーや Ctrl キーを使えば、複数ページの一括指定も可能でとても便利だ。

[Acrobat Reader]

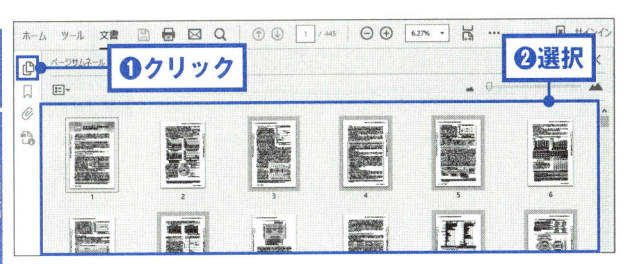

第4章 印刷編 これは必須！印刷の効率UP術

1 をクリックして「ページサムネール」を表示し❶、印刷したいページを選択する❷。連続して複数ページを選択したいときは Shift キーを、バラバラに複数ページを選択したいときは Ctrl キーを押しながら選択しよう。

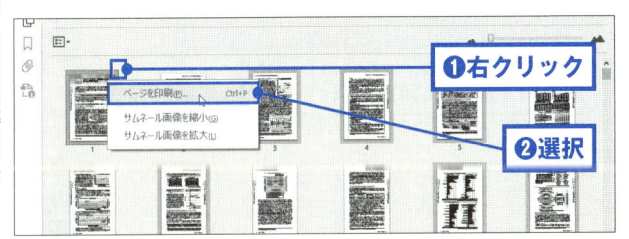

❶クリック
❷選択

2 選択が完了したら、選択したファイル上で右クリックして❶、「ページを印刷」を選択する❷。

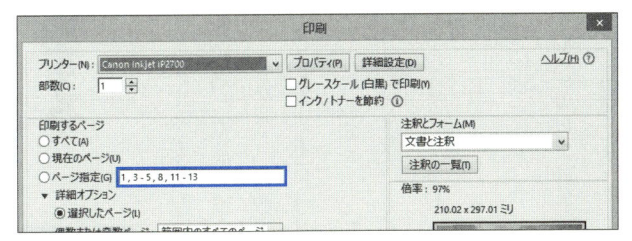

❶右クリック
❷選択

3 選択したページが「ページ指定」欄に入力されている状態で、「印刷」画面が表示される。

141

061

片面ずつ印刷して両面印刷する

ここがポイント! 「両面印刷」のないプリンターは「奇数／偶数ページのみ印刷」で対応

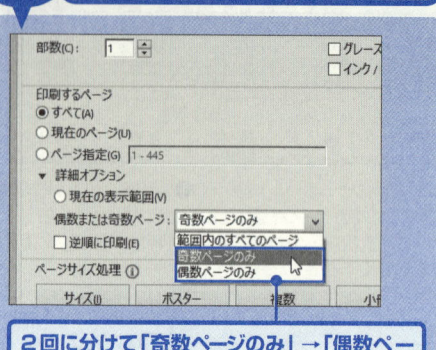

2回に分けて「奇数ページのみ」→「偶数ページのみ」を選択して印刷を実行する。

[Acrobat Reader]

少し古いプリンターや安価なプリンターでは、「両面印刷」機能を備えていない製品もある。しかし、「**偶数または奇数ページ**」の設定を行うことで両面印刷が可能になる。この設定を有効にすると「偶数ページだけ」「奇数ページだけ」の印刷が行える。つまり、「奇数ページだけ印刷」（P.1、P.3、P.5…）→「偶数ページだけ印刷」（P.2、P.4、P.6…）と、2回に分けて印刷することで、両面印刷ができるのだ。

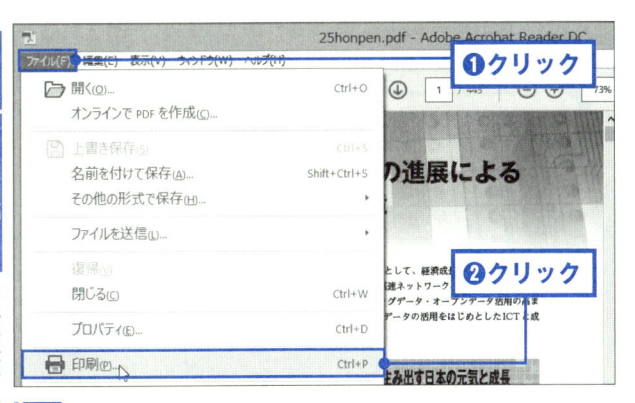

1 「ファイル」をクリックして❶、「印刷」をクリックする❷。

2 「偶数または奇数ページ」から「奇数ページのみ」を選択して❶、1回目の印刷を実行する。なお、項目が表示されていない場合は「詳細オプション」をクリックする。

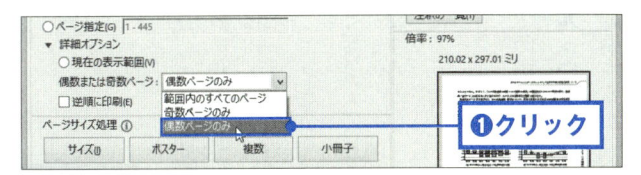

3 印刷された用紙をそのまま裏返してプリンターにセットし、今度は「偶数ページのみ」を選択して❶、印刷する。

143

062

白黒印刷でインクを節約する

ここがポイント！ 白黒印刷ならインクを大幅に節約できる

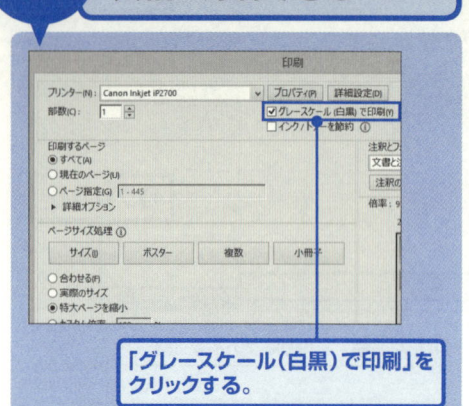

「グレースケール（白黒）で印刷」をクリックする。

最近のプリンターは、カラー印刷が当たり前だ。だが、カラー印刷はコストの点で難があり、どれか一色でもなくなると印刷できなくなってしまうものもある。カラーで印刷する必要のないものは、白黒で印刷するようにすると、インクの節約にもなってよいだろう。

もとのPDFがカラーであっても、かんたんに「白黒」で印刷できる。方法は、「**グレースケール（白黒）で印刷**」にチェックを付けて印刷するだけだ。

[Acrobat Reader]

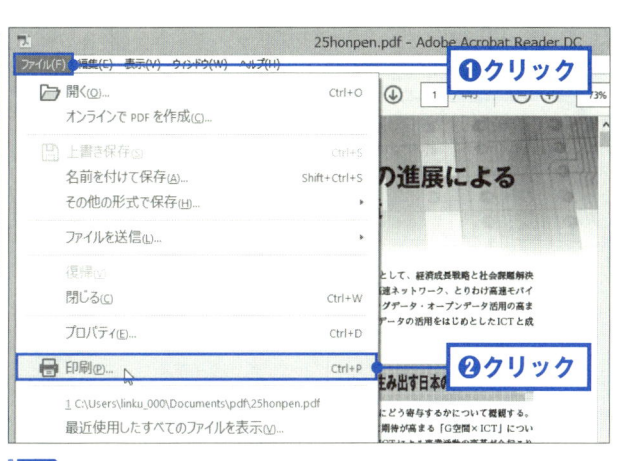

第4章 印刷編 これは必須！印刷の効率UP術

1 「ファイル」をクリックし❶、「印刷」をクリックする❷。

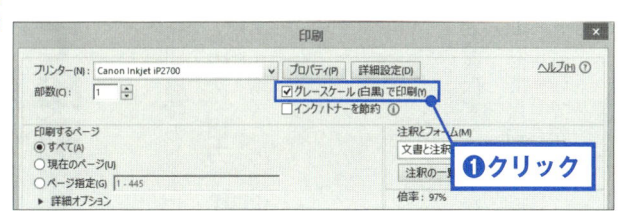

2 「グレースケール（白黒）で印刷」をクリックしてチェックを付けて印刷する❶。

★One Point !★

「グレースケール（白黒）で印刷」を有効にすると、「印刷」画面のプレビュー領域で白黒化された印刷イメージが確認できる。薄い色の文字や枠線は、見えづらくなる場合があるので、確認しておいたほうがよい。

063 出力サイズを決めて印刷する

> **ここがポイント!** 出力サイズは自由に変更できる

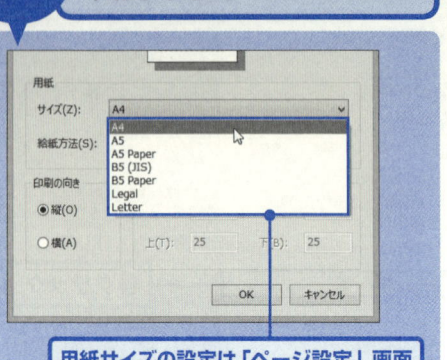

用紙サイズの設定は「ページ設定」画面で行う。

印刷時の基本であり、また重要でもあるのが、「出力サイズ」だ。出力サイズ（紙のサイズ）の設定をしておかないと、思いもよらないサイズで印刷されてしまうこともあるので、印刷前には必ず確認しておきたい。

「ページサイズ処理」から「合わせる」を選択すると、選択した用紙サイズに合わせて自動的に原稿を拡大／縮小してくれるので便利だ。

[Acrobat Reader]

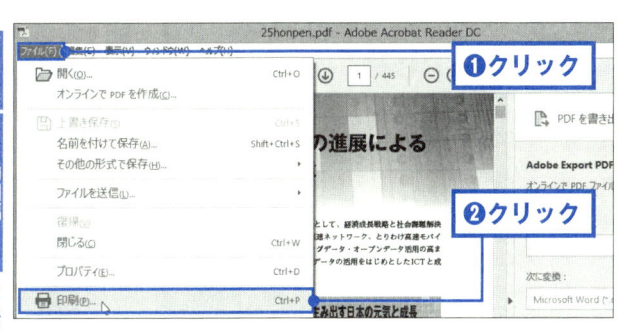

1 「ファイル」をクリックして❶、「印刷」をクリックする❷。

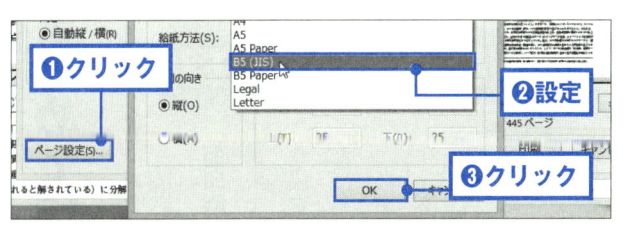

2 「ページ設定」をクリックして❶、「ページ設定」画面の「サイズ」から用紙サイズを設定し❷、「OK」をクリックする❸。

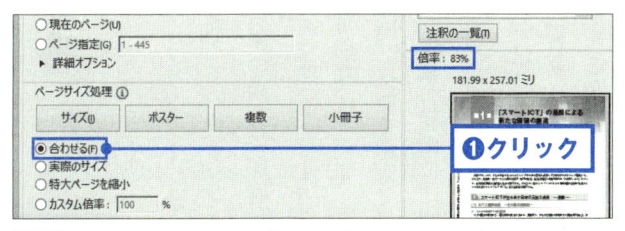

3 「ページサイズ処理」から「合わせる」をクリックすると❶、用紙サイズに合わせて自動的に拡大／縮小される。

064

ここがポイント! 両面印刷すれば紙を節約できる

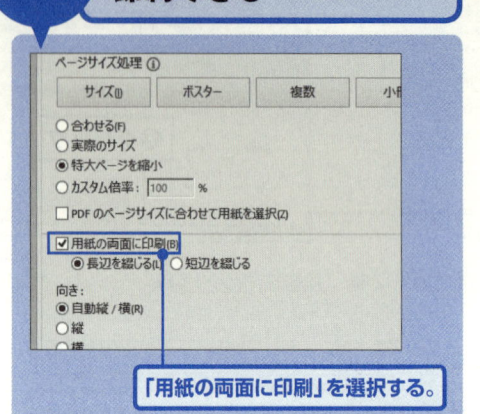

「用紙の両面に印刷」を選択する。

両面印刷でまとめて印刷する

[Acrobat Reader]

「印刷」画面の「プリンター」から「両面印刷」機能を備えているプリンターを選択すると、「用紙の両面に印刷」という設定項目が表示される。これを選択すれば両面印刷が可能だ。

なお、「両面印刷」機能を備えているプリンターなのに「用紙の両面に印刷」が表示されない場合は、「コントロールパネル」から「デバイスとプリンターの表示」をクリックして、「右クリック」→「プリンターのプロパティ」で設定を確認しよう。

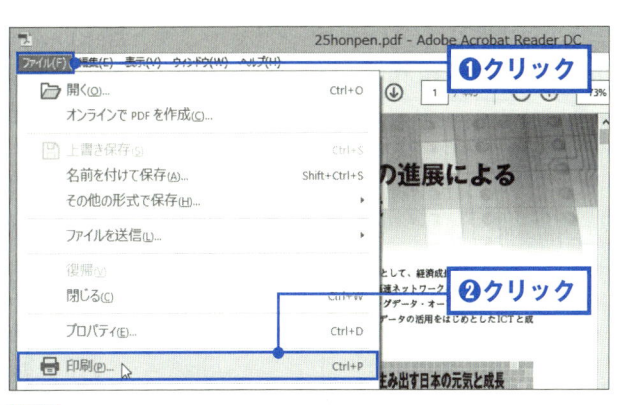

第4章 印刷編 これは必須！印刷の効率UP術

1 「ファイル」をクリックし❶、「印刷」をクリックする❷。

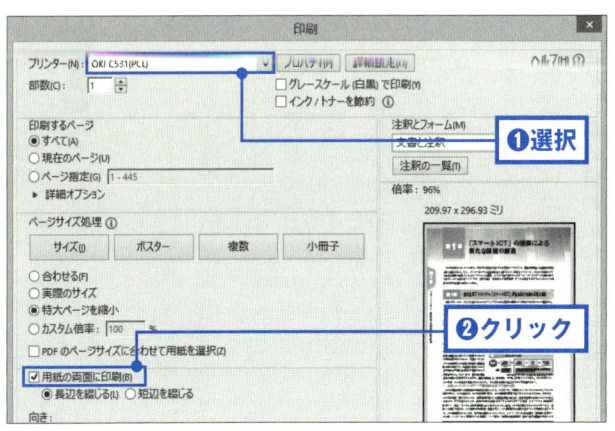

2 「プリンター」から「両面印刷」機能を備えたプリンターを選択すると❶、「用紙の両面に印刷」が表示されるので、クリックしてチェックを付ける❷。

065 複数のページを1枚の紙に印刷する

ここがポイント! 紙やインクの節約に効果を発揮する

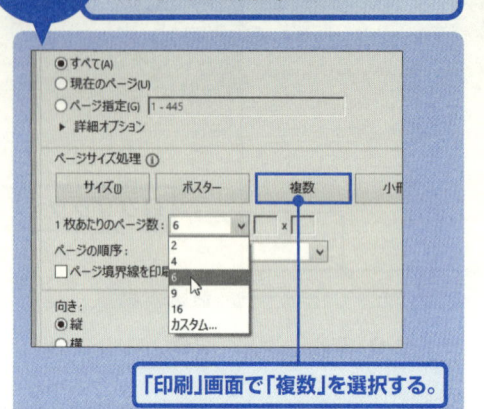

「印刷」画面で「複数」を選択する。

　PDFの印刷は、1枚の紙に1ページを印刷するのが基本だ。しかし、複数のページを1枚の紙に、まとめて印刷することもできる。

　ただし、2ページを1枚の紙に印刷する場合、それぞれのページは通常の半分のサイズで印刷されるため、文章はかなり読みづらくなる。だが、図や写真が大きく載っているページなど、縮小されても構わない場合には有効な方法で、**紙やインクの節約に非常に効果的**だ。

[Acrobat Reader]

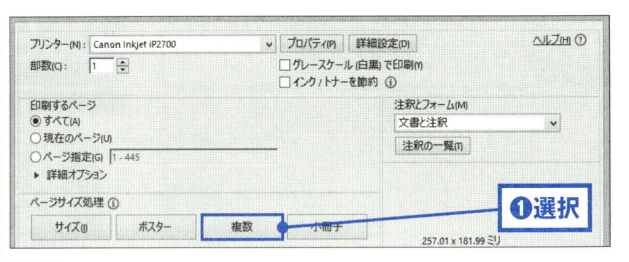

第4章 印刷編 これは必須！印刷の効率UP術

1 「印刷」画面の「ページサイズ処理」で、「複数」を選択する❶。

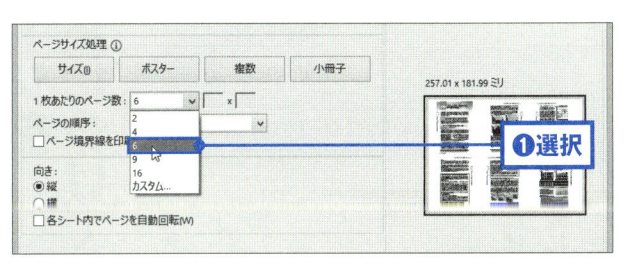

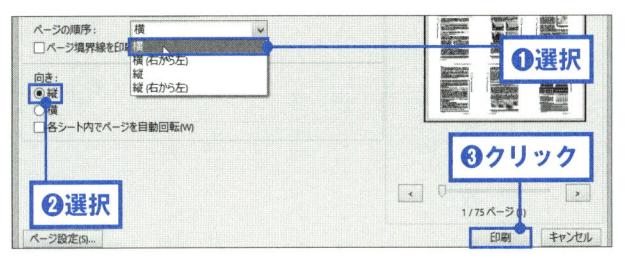

2 「1枚あたりのページ数」で、1枚の紙に印刷するページ数を選択する❶。

3 「ページの順序」でページの並び順を選択し❶、「向き」で用紙の向きを選択する❷。最後に「印刷」をクリックして印刷する❸。

151

066

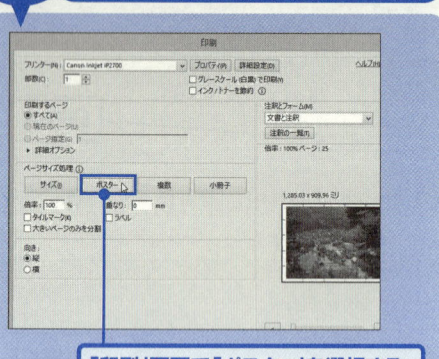

1つのページを複数の用紙に分けて印刷する

[Acrobat Reader]

ここがポイント! 1ページを複数の用紙に分けて印刷できる

「印刷」画面で「ポスター」を選択する。

P.150で紹介した方法とは逆に、PDFの1ページを、複数の用紙に分割して印刷することも可能だ。

通常のプリンターで印刷できる紙の最大サイズは「A3」程度だが、これでは収まりきらない印刷物もある。たとえば「ポスター」がその代表例だ。そのような印刷物も、**1ページを複数枚に分割すれば、家庭用プリンターなどでも印刷可能になる**。印刷し終わった紙をつなげて、1枚のポスターを作成しよう。

152

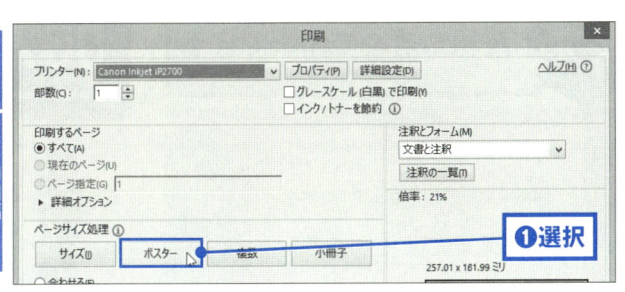

第4章 印刷編 これは必須！印刷の効率UP術

1 「印刷」画面の「ページサイズ処理」で、「ポスター」を選択する❶。

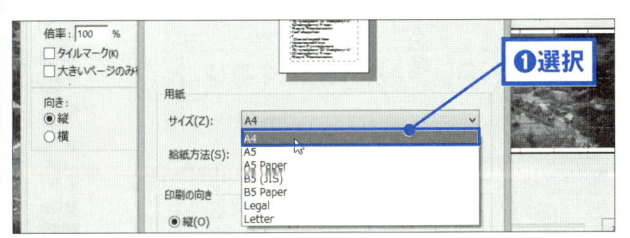

2 「ページ設定」をクリックして「ページ設定」画面を表示し、「サイズ」で用紙サイズを選択する❶。

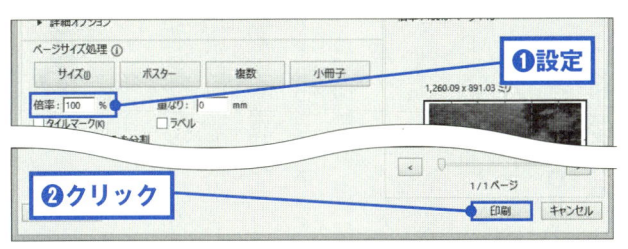

3 「印刷プレビュー」を参考に、「倍率」で印刷倍率を設定し❶、「印刷」をクリックする❷。

067 注釈が見えるように印刷する

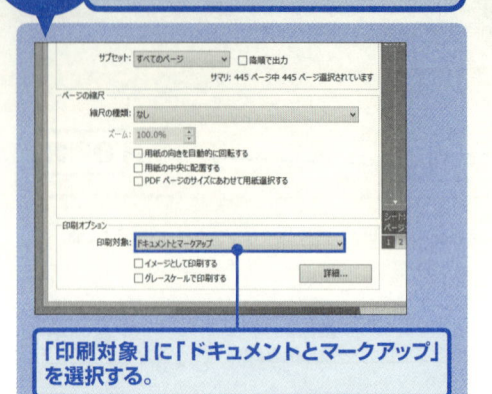

ここがポイント! 注釈も含めて印刷できる

「印刷対象」に「ドキュメントとマークアップ」を選択する。

[PDF-XChange Viewer]

PDFの注釈は印刷もできるが、ソフトによって注釈の印刷方法が異なるため、ソフトの選択が重要になる。

たとえばAcrobat Readerの場合、文書に重ねて印刷されるのは「枠」や「注釈マーク」だけで、コメントは別紙にまとめて印刷される（P.156参照）。

一方、PDF-XChange Viewerでは、注釈も文書に重ねて印刷される。つまり、PDF上での見た目と同じように印刷されるわけだ。

154

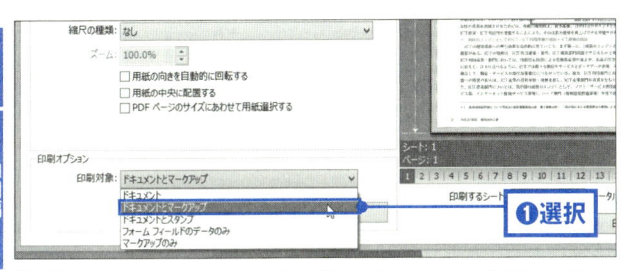

1 PDF-XChange Viewerで「印刷」画面を表示し、「印刷対象」に「ドキュメントとマークアップ」を選択する❶。

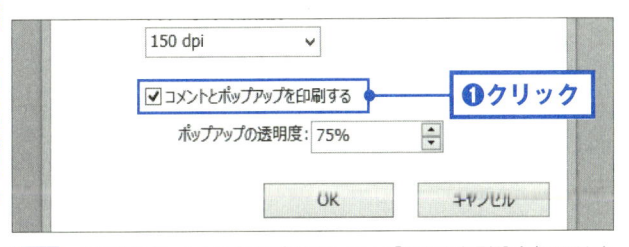

2 「印刷オプション」の「詳細」をクリックして「詳細な印刷設定」画面を表示する。「コメントとポップアップを印刷する」をクリックしてチェックを付ける❶。

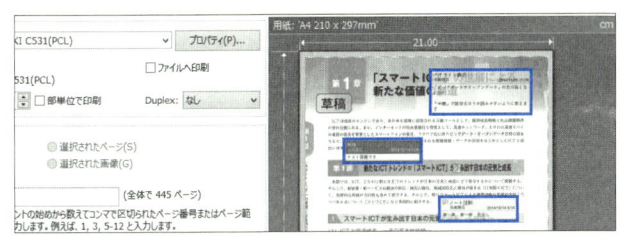

3 PDF-XChange Viewerでは、注釈がPDF上での見た目と同じように印刷される。

068 注釈の一覧を印刷する

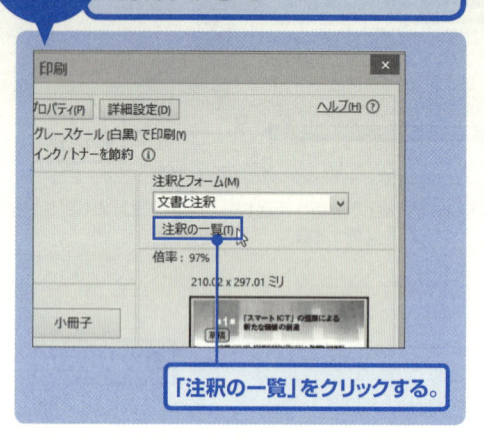

ここがポイント! 書き込んだ注釈の一覧を印刷できる

「注釈の一覧」をクリックする。

[Acrobat Reader]

パソコン上での閲覧ならともかく、印刷後は注釈を探すのがかなり大変だ。そこで便利なのが、「注釈とフォーム」の印刷だ。「印刷」画面の「注釈とフォーム」には、「注釈の一覧」ボタンがある。これを印刷前にクリックすると、文書に「注釈の一覧」が自動で追加され、文書と一緒に印刷される。「注釈」が多く書き込まれたPDFの印刷では、必須といってよいだろう。また、「注釈の一覧」だけを印刷することもできる。

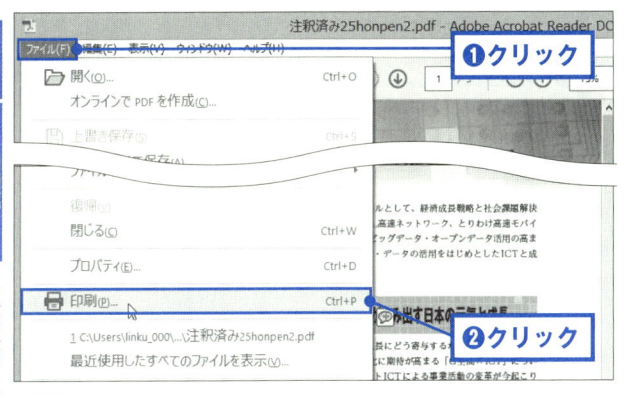

1 「ファイル」をクリックし❶、「印刷」をクリックする❷。

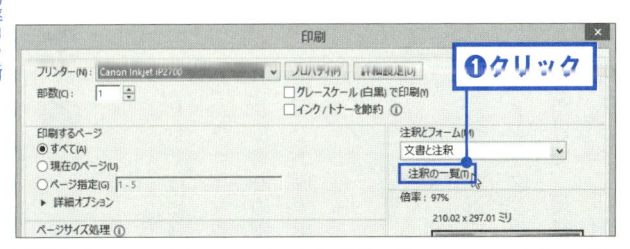

2 「注釈の一覧」をクリックすると❶、注釈の付いているページごとに、「注釈の一覧」ページが追加される。

★One Point!★

Acrobat Readerは「注釈の一覧」を、もとのPDFに追加する形で印刷する。つまり、「注釈の一覧」ボタンをクリックしてから、「ページ指定」欄で「注釈の一覧」が追加されたページを指定すれば、注釈の一覧"だけ"を印刷することも可能だ。

069 PDFを小冊子にする

ここがポイント！ PDFは小冊子用の印刷も可能

「小冊子」をクリックする。

PDFは複数のページがある文書に適したフォーマットだが、最終的に小冊子としてまとめたい文書の印刷は、印刷の段階で小冊子用の設定にすることができる。小冊子用に印刷したい場合は、まず「印刷」画面の「ページサイズ処理」から「小冊子」ボタンをクリックし、設定を行う。設定が終われば、あとは「印刷」ボタンをクリックすればよい。たったそれだけで、用紙を折るだけで小冊子ができるように印刷してくれる。

[Acrobat Reader]

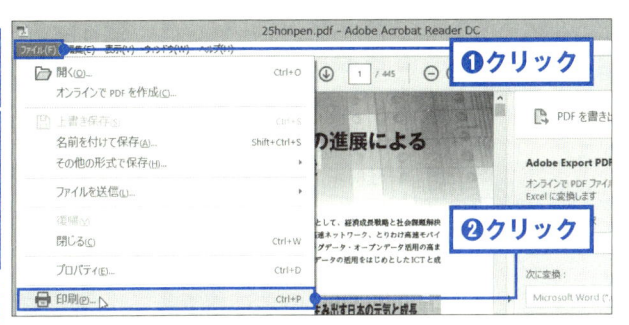

第4章 印刷編 これは必須！印刷の効率UP術

1 「ファイル」をクリックして❶、「印刷」をクリックする❷。

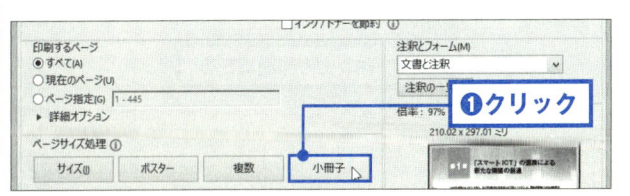

2 「ページサイズ処理」の「小冊子」をクリックすると❶、印刷モードが小冊子用に切り替わる。

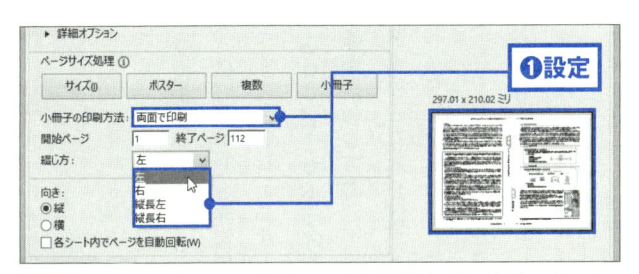

3 「プレビュー」を参考に、「小冊子の印刷方法」と「綴じ方」を、プリンターの種類や作成する小冊子に合わせて設定する❶。

159

070 GoogleドライブのPDFを印刷する

[Internet Explorer]

ここがポイント！ Googleドライブ上で「印刷」できる

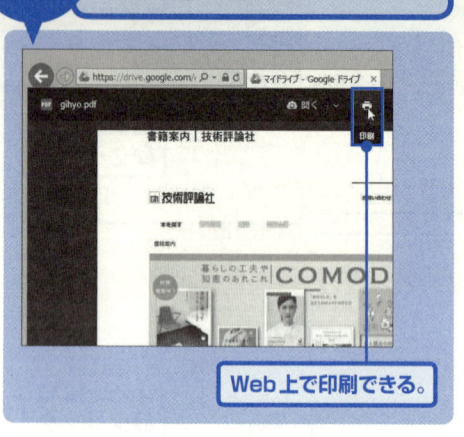

Web上で印刷できる。

　PDFへの変換機能がある「Googleドライブ」は、PDFと非常に親和性の高いオンラインストレージサービスだ。加えて、「Googleドライブ」には「印刷」機能が備わっており、保存されているPDFをかんたんに印刷できる。
　「Googleドライブ」にアクセスし、印刷したいPDFをダブルクリックすると、対象のPDFがプレビュー表示される。あとは「印刷」をクリックすればOKだ。

第4章 印刷編

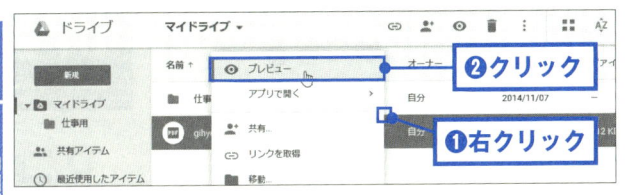

これは必須！印刷の効率UP術

1 印刷したいPDFをダブルクリックするか、または右クリックして❶、「プレビュー」をクリックする❷。

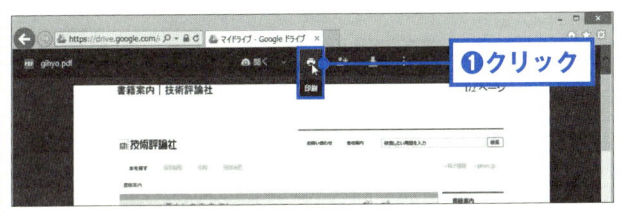

2 PDFがプレビュー表示されたら、メニューの「印刷」をクリックする❶。

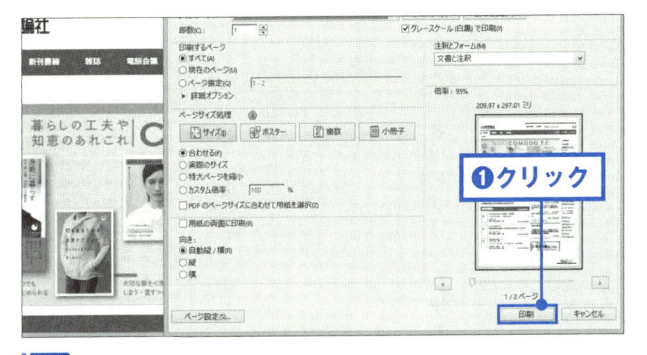

3 部数や用紙サイズを設定し、「印刷」をクリックして印刷する❶。

071

コンビニプリントでPDFを印刷する

ここがポイント！ スマートフォンからPDFが印刷できる

予約してコンビニで印刷する。

　昔に比べ、プリンターは非常に安価になっているが、人によっては使用頻度がそこまで高くないため、所持していなかったり、出先で急に印刷する必要が出て困ることもあるだろう。その場合、コンビニのネットプリントを活用しよう。

　ここでは、「**ネットプリントサービスベーシック**」を紹介する。事前に会員登録をしておこう。スマートフォンさえあれば、パソコンを持っていなくても利用できるので、いざというときに重宝する。

[netprint]

❶タップ

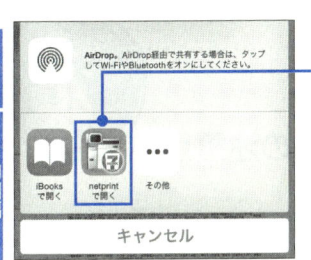

1. 「netprint」アプリをインストールし、あらかじめログインしておく。印刷するPDFデータを「netprint」で開く❶。

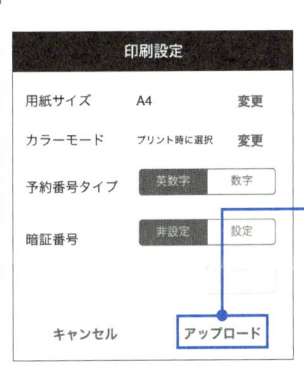

❶タップ

2. 印刷の設定をして、「アップロード」をタップする❶。

3. 画面の指示に従ってアップロードを完了したら、全国のセブンイレブンのマルチコピー機に「プリント予約番号」を入力して印刷する。

★One Point!★

全国のセブンイレブンのマルチコピー機に備わっているタッチパネルから、「ネットプリント」をタップして、8桁のプリント予約番号を入力して印刷する。印刷には別途料金が必要だ。

COLUMN

コラム **4**

小冊子を作成するときの注意点

P.158「PDFを小冊子にする」で、PDFから小冊子を作る方法を説明したが、印刷した小冊子の用紙を下記のように折りたたむことで冊子になる。

ただし、小冊子用印刷モードを利用するにあたっては、1つ注意点があり、利用するプリンターの排紙タイプによっては、紙の重なり方が逆順になってしまう場合があるのだ。よって、小冊子の印刷を行う際には、事前に一度テスト印刷しておこう。「印刷」画面の「詳細オプション」から、「逆順に印刷」の設定をプリンターに合わせて変更しておけば、印刷後に紙の順番を入れ替える必要はなくなる。

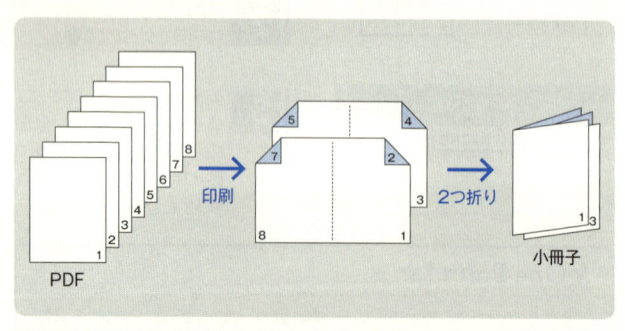

「小冊子」とは、印刷後の紙の束をそのまま2つ折りにしたもの。

第 5 章

活用編

これは衝撃！
一歩上行く活用術

072 いつも使うPDFビューアーを設定する

ここがポイント！ いつも使うビューアー変更できる

既定のPDFビューアーを設定する。

PDFを表示する基本的な手順は、「PDFソフトを起動する」→「PDFソフト上で表示するPDFを選択する」→「PDFが表示される」となる。だが、いつも使うPDFビューアーをあらかじめ設定しておけば、ダブルクリックするだけで開けるようになるので便利だ。

いつも使うビューアーは**既定のプログラム**から設定することができる。通常は、最初にインストールしたビューアーが設定されているはずだ。

[コントロールパネル]

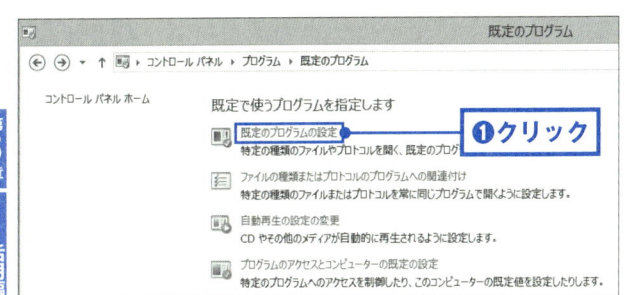

1 「コントロールパネル」を表示し、「プログラム」→「既定のプログラム」→「既定のプログラムの設定」をクリックする❶。

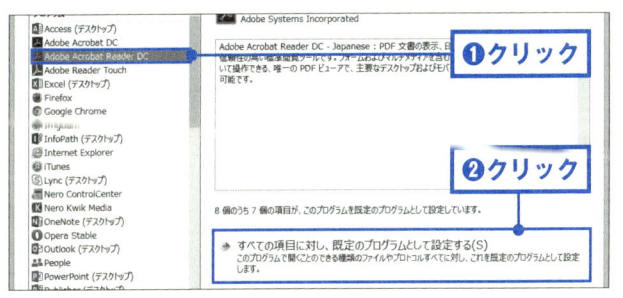

2 「既定のプログラムを設定する」画面で既定のPDFビューアーにしたいプログラムをクリックして❶、「すべての項目に対し、既定のプログラムとして設定する」をクリックする❷。

★One Point !★

「既定のプログラムを設定する」画面で「既定でこのプログラムを開く項目を選択する」をクリックすると、「プログラムの関連付けを設定する」画面が表示される。この画面では、ファイルの「拡張子」ごとに、既定のプログラムを設定できる。

073

複数のPDFファイルをまとめて検索する

ここがポイント！ フォルダ内のPDFファイルを一気に検索できる

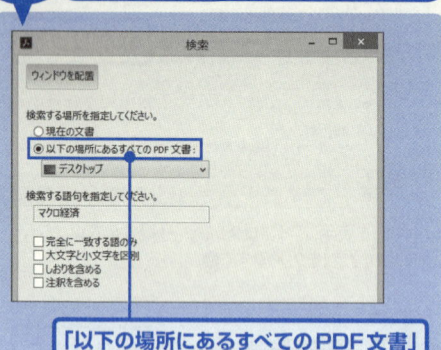

「以下の場所にあるすべてのPDF文書」をクリックする。

[Acrobat Reader]

文書内の文字が文字情報として残されており、文書内のテキスト検索が可能なことは、PDFの大きな長所だ。だが、「Acrobat Reader」は、現在表示中のPDFだけでなく、特定のフォルダ内の全PDFファイルを対象に、テキスト検索を行う機能も備えている。閲覧した文章がどのファイルのものだったかわからなくなった場合は、フォルダ内のすべてのPDFを対象に検索するとよい。

168

第5章 活用編

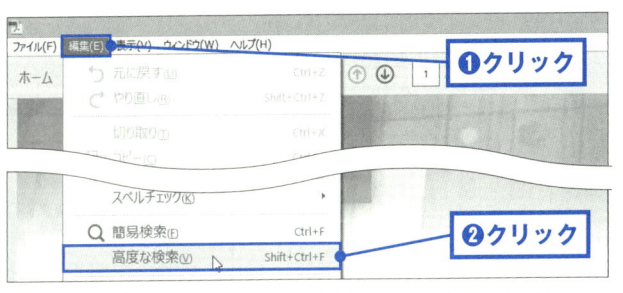

これは衝撃！一歩上行く活用術

1. 「編集」をクリックし❶、「高度な検索」をクリックすると❷、「検索パネル」が表示される。

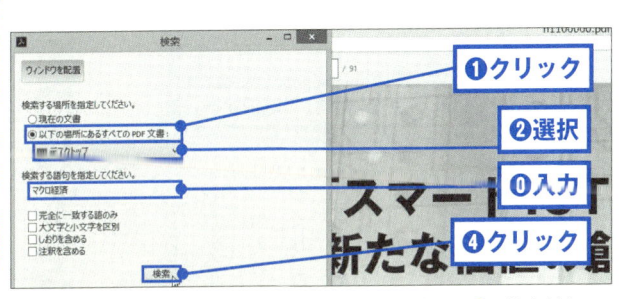

2. 「以下の場所にあるすべてのPDF文書」を選択して❶、検索対象フォルダを選択する❷。キーワードを入力し❸、「検索」をクリックする❹。

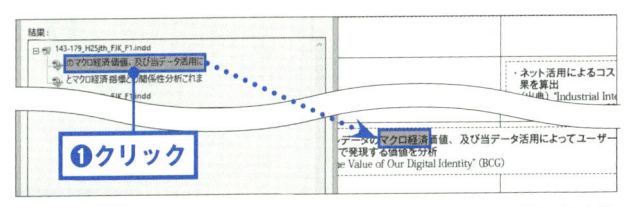

3. 検索結果が表示される。表示したい箇所をクリックすると❶、検索箇所が表示される。

169

074 コメントに返信してやり取りする

[Acrobat Reader]

ここがポイント! PDFの「注釈」には「返信」できる

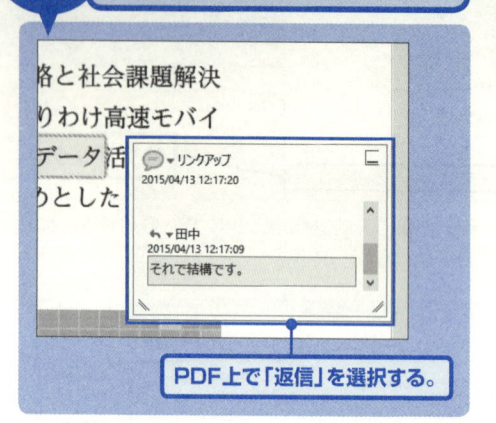

PDF上で「返信」を選択する。

PDFの「注釈」は、文章の校正などで力を発揮する機能だが、PDFに加えられた注釈には「返信」を追加できる。つまり、**PDF上だけで、ほかのユーザーと意見をやり取りできる**のだ。

返信の方法はかんたんで、PDF文書上または注釈の一覧で、返信したい注釈を右クリックして、「返信」を選択するだけだ。注釈の編集画面が表示され、LINEやTwitterのような感覚で注釈に返信できる。

170

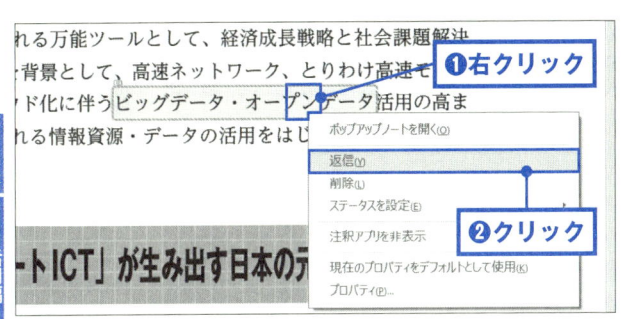

れる万能ツールとして、経済成長戦略と社会課題解決

背景として、高速ネットワーク、とりわけ高速モ

ド化に伴うビッグデータ・オープンデータ活用の高ま

れる情報資源・データの活用をはじ

❶右クリック

❷クリック

1 返信したい注釈を、PDF文書上または注釈の一覧で右クリックし❶、「返信」をクリックする❷。

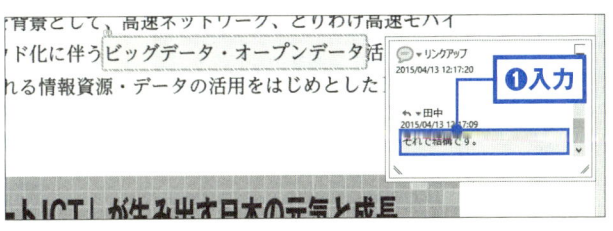

❶入力

2 注釈の編集画面が表示されるので、入力欄に返信内容を入力すれば❶、注釈に返信を追加できる。

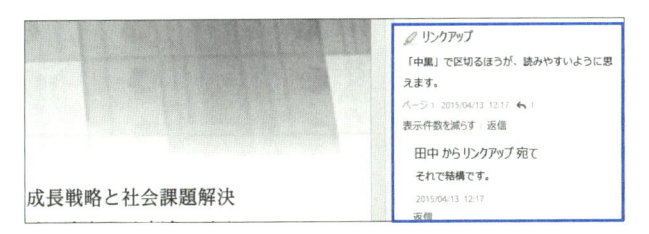

> リンクアップ
> 「中黒」で区切るほうが、読みやすいように思えます。
> ページ:1 2015/04/13 12:17
> 表示件数を減らす：返信
> 田中 からリンクアップ宛て
> それで結構です。
> 2015/04/13 12:17
> 返信

3 返信コメントは、注釈の一覧では図のように表示される。

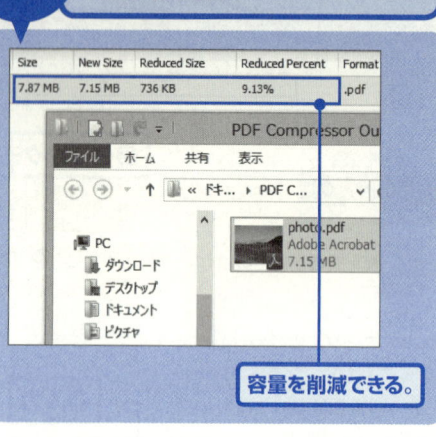

075

サイズの大きなPDFファイルを圧縮する

ここがポイント! PDFのデータサイズを圧縮できる

容量を削減できる。

[PDF Compressor]

　PDFは便利なフォーマットだが、データサイズが意外と大きい。メールなどに添付して送信するのが困難だったり、あるいは相手側の迷惑になりかねない。
　そんなときに便利なのが、PDFのデータサイズを圧縮できるフリーソフト「PDF Compressor」だ。PDF内の画像を圧縮することでデータサイズを小さくしてくれるソフトで、画像の多いPDFは容量の削減が期待できる。

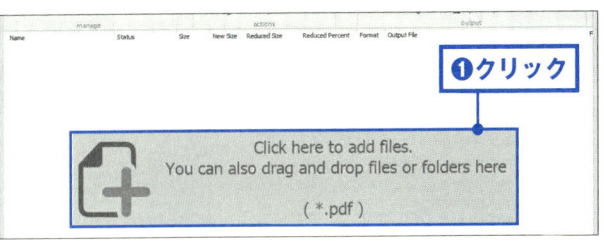

第5章 活用編 これは衝撃！一歩上行く活用術

1. 「PDF Compressor」を起動し、「Click here to add files.」をクリックして❶、圧縮したいPDFを選択する。

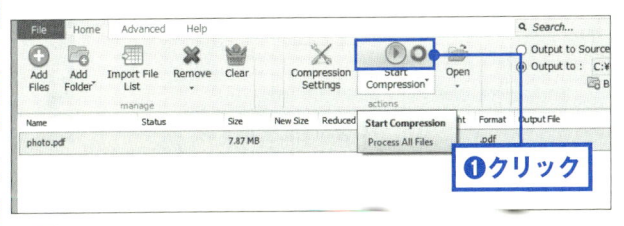

2. PDFが登録されたら、▶をクリックして圧縮を開始する❶。

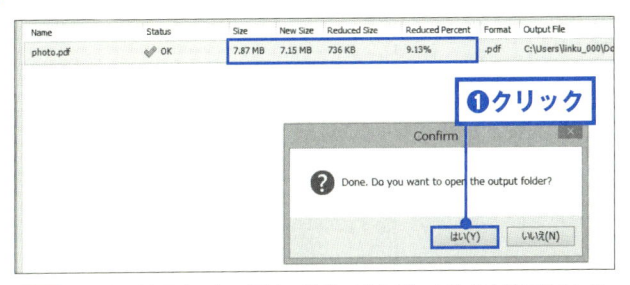

3. 圧縮が終了すると、圧縮で節約できたデータサイズが表示される。「Confirm」画面で「はい」をクリックすると❶、圧縮後のPDFが保存されているフォルダが開く。

173

076

PDFをWord文書に変換する

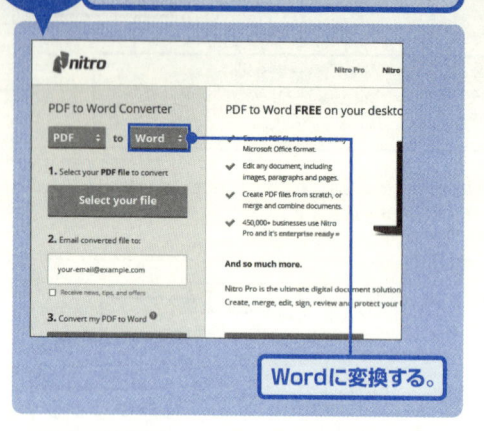

ここがポイント！ インターネット上の「PDF変換サービス」を利用する

Wordに変換する。

[Internet Explorer]

P.60で紹介した「Word to PDF Converter」を使えば、PDFファイルをWord文章に変換できる。基本的な使い方はPDFを作成した際と同じだ。

変換後に届くメールには変換後のファイルへのURLリンクが記述されているので、変換されたファイルをダウンロードしよう。また、画像の多いPDFをWordに変換した場合は、表示が崩れていないか確認しておこう。

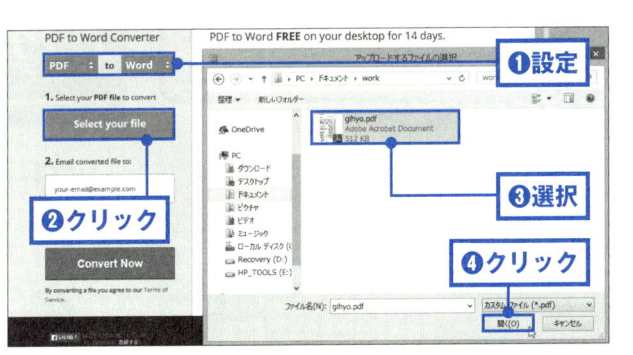

1. 「Word to PDF Converter」（https://www.wordtopdf.com）のWebサイトにアクセスし、変換元（PDF）と変換先（Word）のファイル形式を設定後❶、「Select your file」をクリックして❷、ファイルを選択し❸、「開く」をクリックする❹。

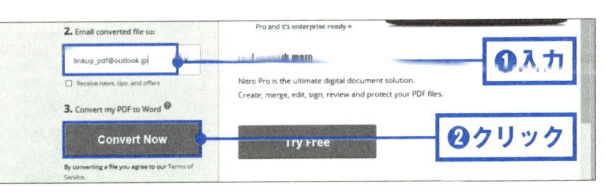

2. 「Email converted file to」にメールアドレスを入力して❶、「Convert Now」をクリックする❷。

3. 変換ファイルへのリンクが記述されたメールが届くので、「Get your file」をクリックしてダウンロードする❶。

077

PDFをExcel文書に変換する

ここがポイント! インターネット上の「PDF変換サービス」を利用する

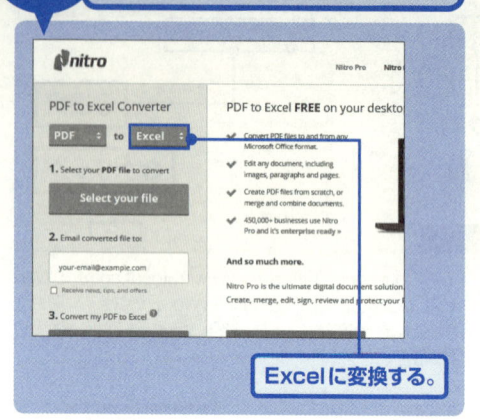

Excelに変換する。

P.60で紹介した「Word to PDF Converter」を使えば、PDFファイルをExcel文章に変換できる。ほかの形式に比べExcelは互換がききにくいので、変換後に必ず確認しよう。

このサービスは多彩なフォーマットに変換できて便利だが、**無料版では変換回数が1つのメールアドレスにつき、月に5回に設定されている**。そのため、それ以上利用する場合は、有料版を利用する必要がある。

[Internet Explorer]

176

これは衝撃！一歩上行く活用術

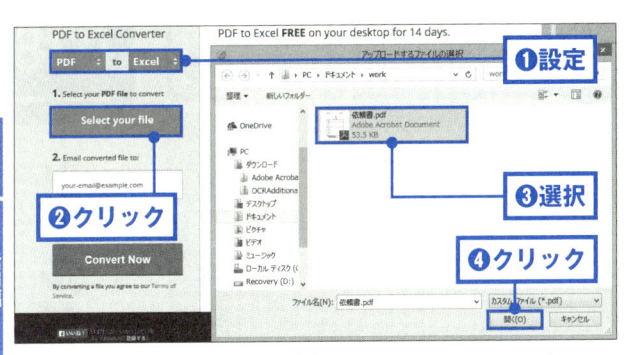

1 「Word to PDF Converter」(https://www.wordtopdf.com)のWebサイトにアクセスし、変換元(PDF)と変換先(Excel)のファイル形式を設定後❶、「Select your file」をクリックして❷、ファイルを選択し❸、「開く」をクリックする❹。

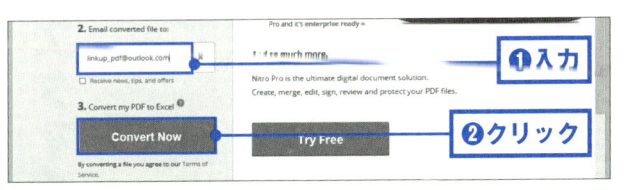

2 「Email converted file to」にメールアドレスを入力して❶、「Convert Now」をクリックする❷。

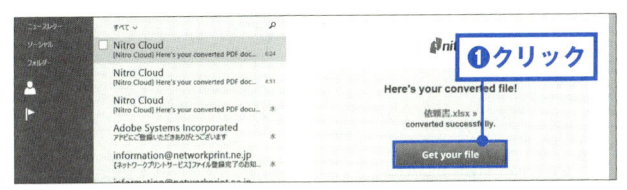

3 変換ファイルへのリンクが記述されたメールが届くので、「Get your file」をクリックしてダウンロードする❶。

078

ツールバーをカスタマイズする

ここがポイント！ 「ツールバー」によく使う機能を追加できる

右クリックして追加／削除したい機能を選択する。

[Acrobat Reader]

「ツールバー」には、使用頻度の高い機能のアイコンが並んでいるが、さらに自分が使いやすいようにカスタマイズしておくと便利だ。ツールバーの空きスペースを右クリックすると、「編集ツールを表示」などのカスタマイズ用メニューが表示され、それぞれの項目にはサブ項目が複数存在する。項目をクリックすることで表示のオンオフが切り替えられる。チェックが付いているものが、ツールバーに表示される機能だ。

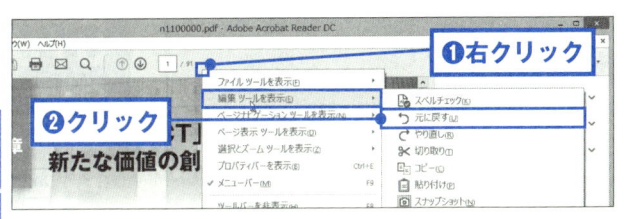

1 ツールバーを右クリックして❶、「ツールバー」に表示したい機能を選択する❷。

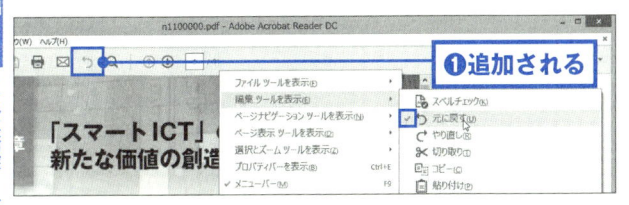

2 選択した機能にチェックが付き、「ツールバー」に追加される❶。

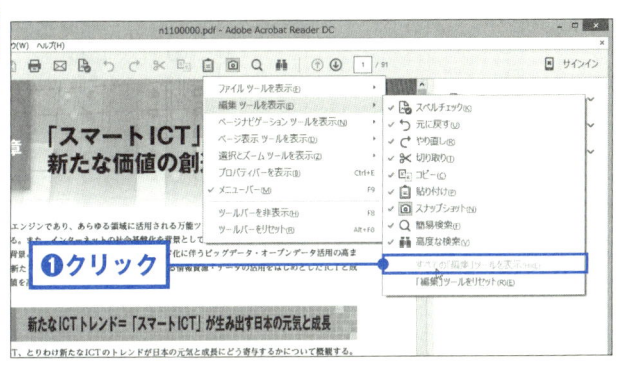

3 「すべての『○○』ツールを表示」をクリックすると❶、そのカテゴリーすべてが「ツールバー」に表示される。

079

Google ドライブに PDF をアップロードする

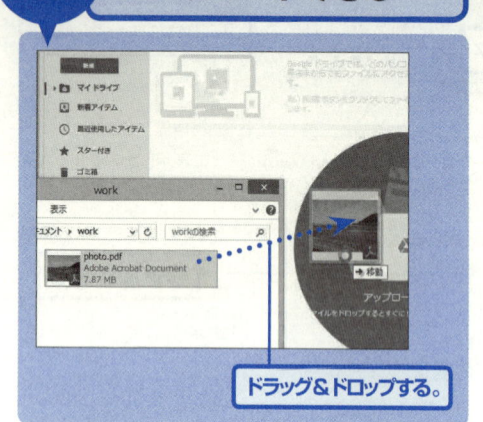

[Internet Explorer]

ここがポイント！ かんたんにPDFをアップロードできる

ドラッグ＆ドロップする。

「Ｇｏｏｇｌｅドライブ」は、非常にPDFと相性がよいサービスだ。PDFをインターネット経由で利用する場合は、「Ｇｏｏｇｌｅドライブ」の使い方を、ある程度知っておいた方がよい。

ここでは、もっとも基本となる「ファイルのアップロードとダウンロード」の方法を説明する。アップロードもダウンロードもとてもかんたんなので、ぜひ活用してもらいたい。

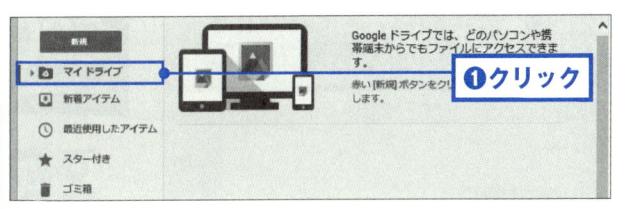

第5章 活用編 これは衝撃！一歩上行く活用術

1. Googleドライブ（https://www.google.com/intl/ja/drive/）にアクセスし、左のメニューからファイルをアップロードするフォルダを選択する❶。

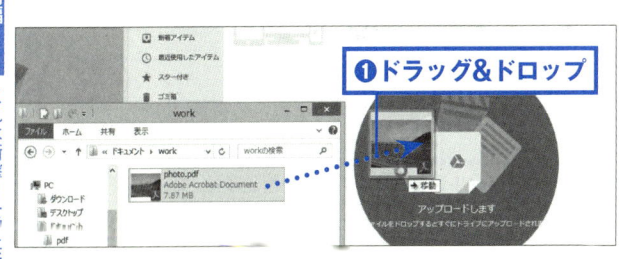

2. PDFファイルをドラッグ&ドロップすると❶、ファイルがアップロードできる。

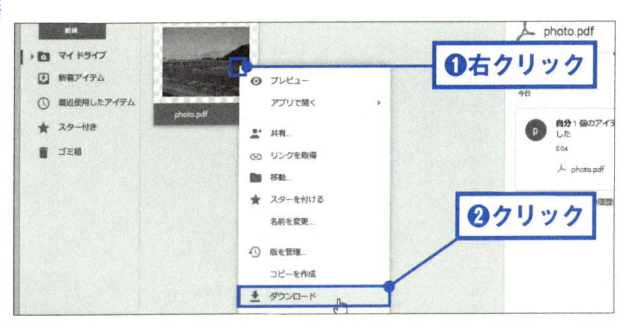

3. ダウンロードする場合は、ファイルを右クリックして❶、「ダウンロード」をクリックする❷。

080

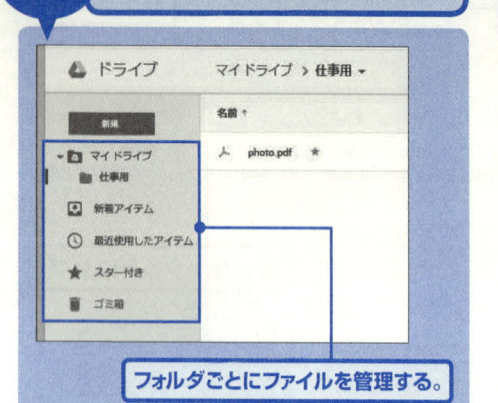

GoogleドライブでPDFを管理する

ここがポイント！ 効率的に「フォルダ」や「スター」で管理できる

フォルダごとにファイルを管理する。

[Internet Explorer]

「Googleドライブ」は、「Gmail」と合わせて15GBもの容量があるオンラインストレージなので、大量のファイルを保存できる。そのため、とくに大量のファイルを保存する際には、「フォルダ」や「スター」を利用したファイル管理が非常に重要だ。

「フォルダ」を使ってファイルをジャンルごとに分け、重要なファイルには「スター」を付ける。これだけで格段に使いやすくなるはずだ。

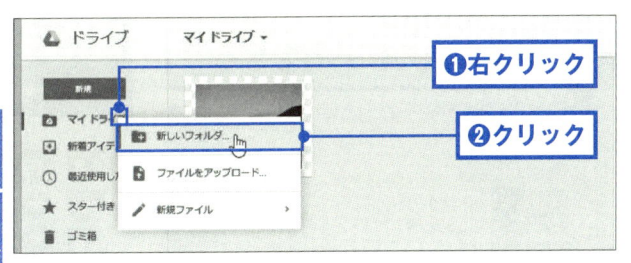

1 新規フォルダを作成するには左のメニューから、作成場所を右クリックし❶、「新しいフォルダ」をクリックする❷。

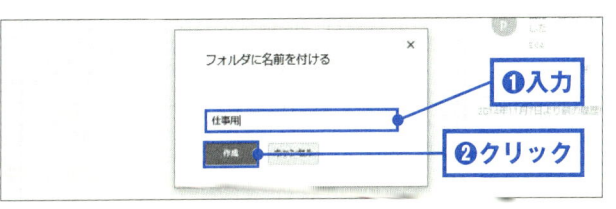

2 フォルダ名を入力して❶、「作成」をクリックすると❷、新規フォルダが作成できる。ファイルの移動はドラッグ&ドロップで行う。

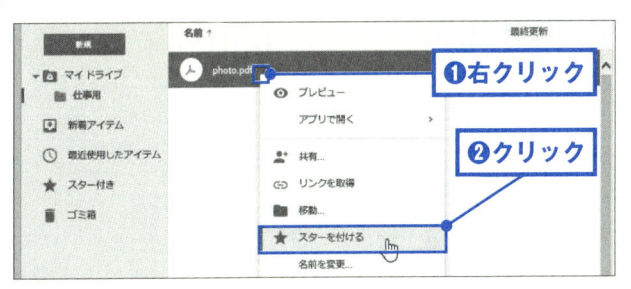

3 「スター」を付けるには、ファイルを右クリックし❶、「スターを付ける」をクリックする❷。その後、左のメニューから「スター付き」をクリックすれば、スターを付けたファイルのみが表示される。

081 GoogleドライブでPDFを共同編集する

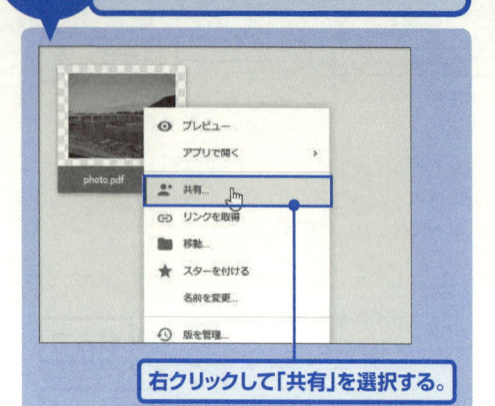

ここがポイント！ 多くの人とかんたんに共有できる

右クリックして「共有」を選択する。

「Googleドライブ」にPDFを保存する最大の利点は、多人数で1つのPDFを共有できることだ。アクセス権限やアクセス方法を細かく設定できるので、PDFの公開にうってつけだ。

たとえば、共有した相手の権限を設定すれば、**PDFの閲覧のみを許可すること**もできる。

また、共有したことはメールで相手に通知されるため、ファイルの共有を個別に知らせる手間がかからない。

[Internet Explorer]

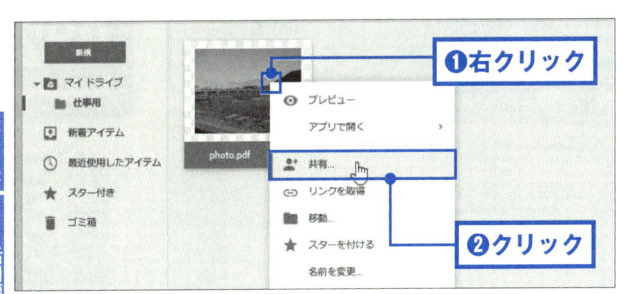

1

共有したいファイルを右クリックし❶、「共有」をクリックする❷。

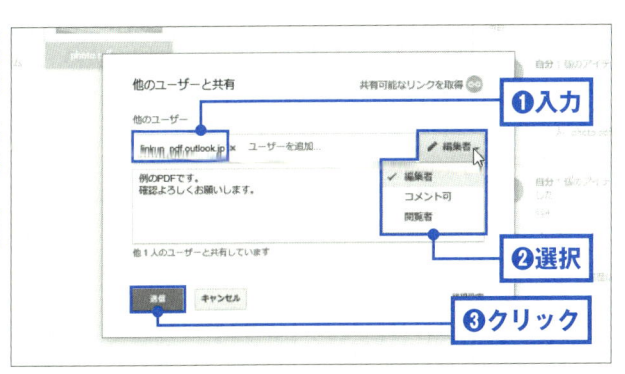

2

共有する相手のメールアドレスを入力し❶、ファイルの権限を選択して❷、「送信」をクリックする❸。

★One Point!★

「詳細設定」をクリックすると、「共有設定」画面が表示される。ここでは、ファイルの権限を詳細に設定したり、リンクの共有を知らせるメールの設定を変更できる。

082 DropboxでPDFを共同編集する

ここがポイント! 複数のユーザー間で共有・編集できる

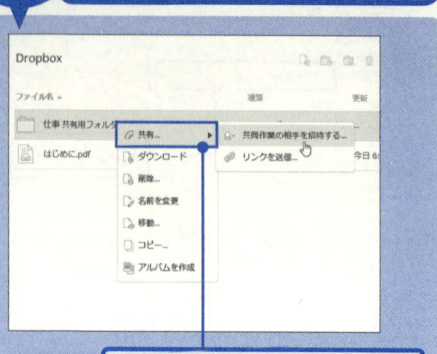

右クリックして「共有」を選択する。

[Internet Explorer]

オンラインストレージを利用したPDFの共有なら、「Dropbox」も有力な選択肢だ。

Dropboxは、ファイルの更新履歴を記録する「イベント」機能や、過去30日間に削除/編集したファイルを復元することができる機能を備えている。

これは、共有したPDFを複数のユーザーで頻繁に更新する場合などは、とくに便利な機能だ。

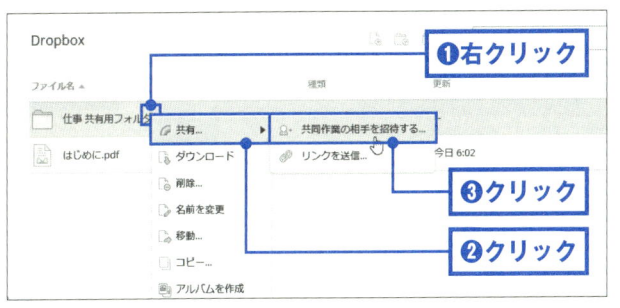

[図: Dropboxのフォルダ右クリックメニュー画面 ❶右クリック／❷クリック／❸クリック]

1 Dropbox（https://www.dropbox.com/ja/）にアクセスして、ログインします。共有したいフォルダを右クリックし❶、「共有」をクリックして❷、「共有作業の相手を招待する」をクリックする❸。

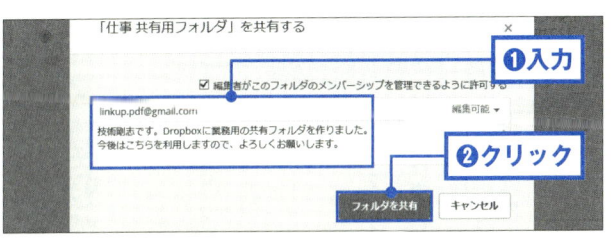

[図: 「仕事 共有用フォルダ」を共有する画面 ❶入力／❷クリック]

2 共有したい相手のメールアドレスとメッセージを入力し❶、「フォルダを共有」をクリックする❷。

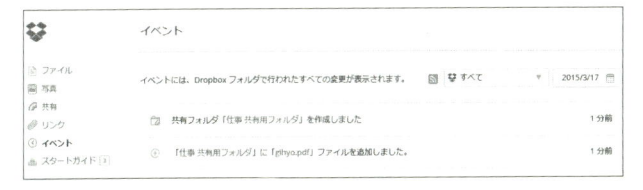

[図: 「イベント」画面]

3 「イベント」画面では、共有フォルダの更新履歴を確認できる。

083 容量の大きなPDFをDropbox経由で送信する

ここがポイント! 「Dropbox」なら大きなファイルも送受信できる

URLリンクを送るだけで巨大ファイルもやり取りできる。

Internet Explorer

「Dropbox」は容量の大きなPDFファイルを送受信する場合にも役に立つ。

Dropboxには「リンクの共有」という機能があり、この機能を利用すれば、**ファイルのダウンロード用URLを作成して送信できる**。作成したURLには、Dropboxのアカウントを持っていなくてもアクセスできるので、相手を選ばずにファイル送信が可能だ。

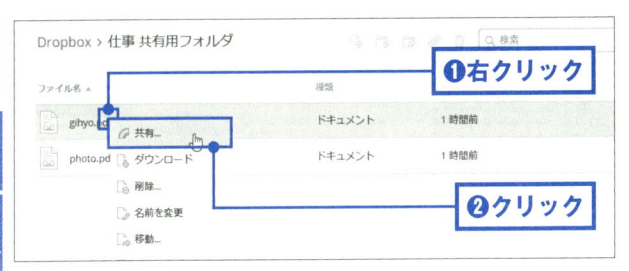

1 送信したいファイルを右クリックして❶、「共有」をクリックする❷。

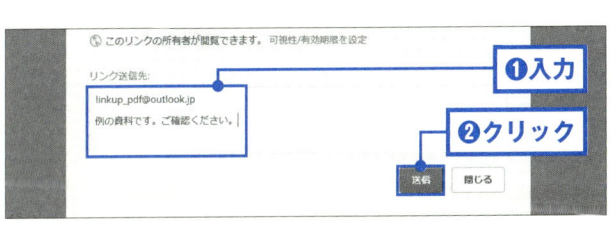

2 「リンクを共有」画面で、「リンク送信先」に相手のメールアドレスとメッセージを入力し❶、「送信」をクリックする❷。

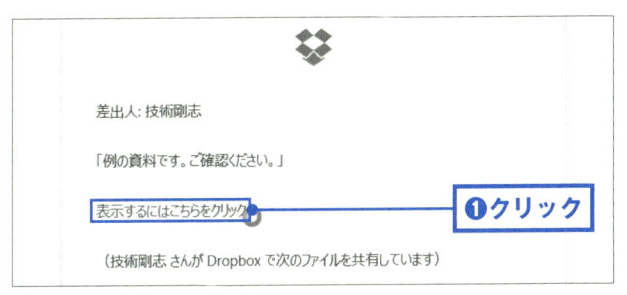

3 受信側は、受信メールに記載されたリンクをクリックするだけで❶、ファイルを受信できる。

084 PDFをEvernoteで活用する

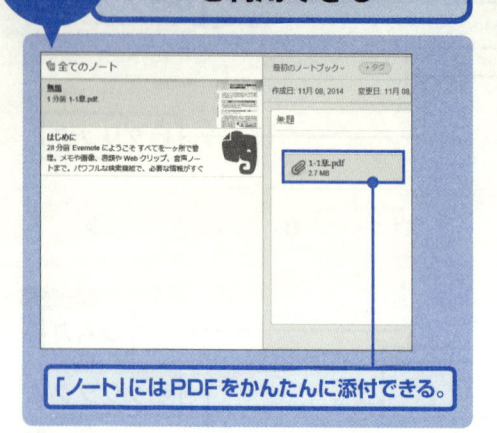

ここがポイント! 「Evernote」でもPDFを利用できる

「ノート」にはPDFをかんたんに添付できる。

[Internet Explorer]

「Evernote」は、テキスト系ファイルの保存に適したサービスで、PDFとの親和性も高い。Evernoteでは「ノート」と呼ばれる単位でデータを管理し、PDFは「ノートの添付ファイル」として扱われる。

Evernoteを利用すれば、パソコンとスマートフォンなど、異なる端末から容易にPDFにアクセスできるだけでなく、「共有設定」を利用すれば、複数ユーザー間での共有もかんたんだ。

これは衝撃！一歩上行く活用術

1 Evernoteの公式サイト（https://evernote.com/intl/jp/）にアクセスしてサインインし、PDFを添付したい「ノート」を開き、クリップアイコンをクリックする❶。

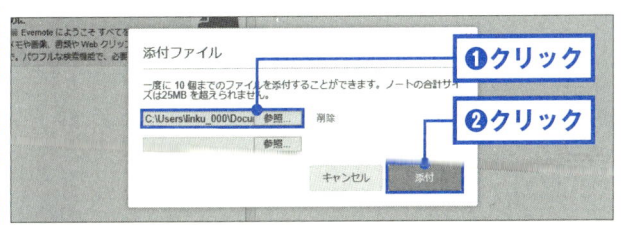

2 「参照」をクリックしてPDFを添付し❶、「添付」をクリックする❷。

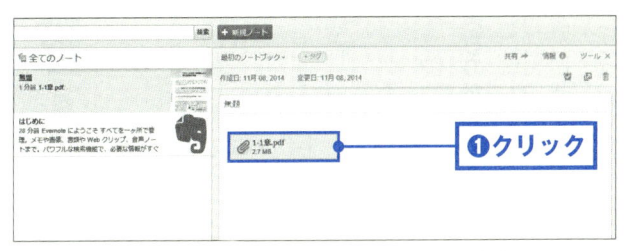

3 アップロードが終わると、PDFが添付されたノートが作成される。PDFのアイコンをクリックすると❶、PDFを表示できる。

085

PDFファイルの表紙を確認する

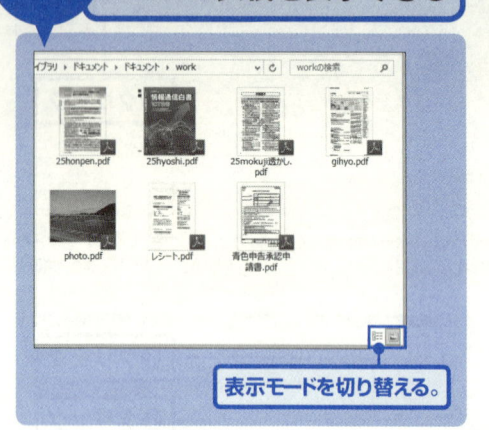

ここがポイント！「エクスプローラー」でPDFの表紙を表示できる

表示モードを切り替える。

[エクスプローラー]

大量のPDFを保存していると、探しているPDFがなかなか見つからないことがあるだろう。実は、Windowsの「エクスプローラー」には便利な機能がある。「エクスプローラー」の表示設定を変更すると、ファイル名と共にPDFの表紙（正確には最初のページ）を**サムネール表示できるのだ**。

表示モードは、エクスプローラーの右下のアイコンから切り替えることができるので、試してみよう。

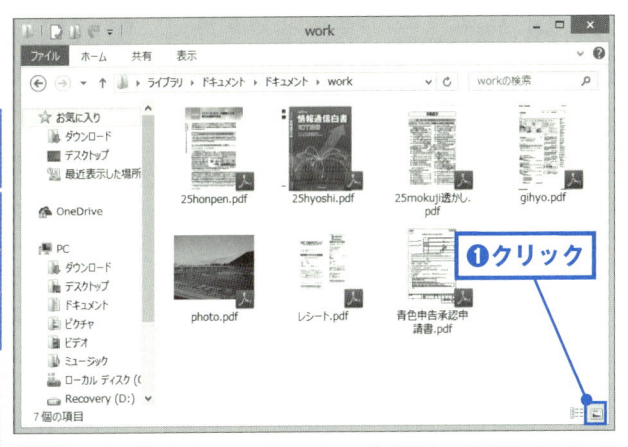

1 通常は「詳細」モードになっており、作成日時などが表示されているが、中身はわからない。右下の「大アイコン」モードをクリックすると❶、PDFの表紙がサムネール表示され、中身が一目でわかるようになる。

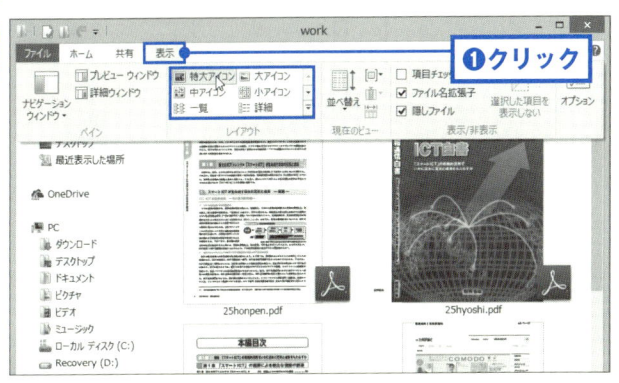

2 「表示」タブをクリックすると❶、「レイアウト」からも「エクスプローラー」の表示モードを切り替えられる。

086

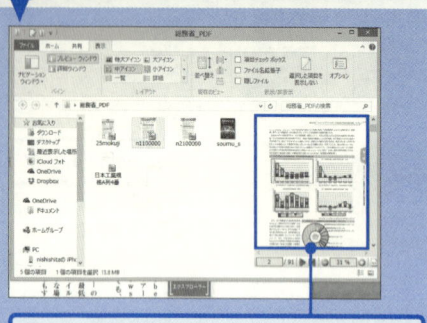

ファイルを開かずにPDFファイルの中身を確認する

ここがポイント！ ビューアーを起動せずにPDFの中身を確認できる

「エクスプローラー」の「プレビューウィンドウ」でPDFを確認する。

PDFを開くには通常、Acrobat ReaderなどのPDFビューアーを使う。しかし、実はWindowsの**「エクスプローラー」だけでも、PDFの中身を表示できる**。

もちろん、エクスプローラーのPDFビューアーとしての機能は最低限のものだ。それでも、大量のファイルから目的のPDFを探し出すような場合には、ビューアーを起動するよりもばやく中身を確認できて非常に便利だ。

[エクスプローラー]

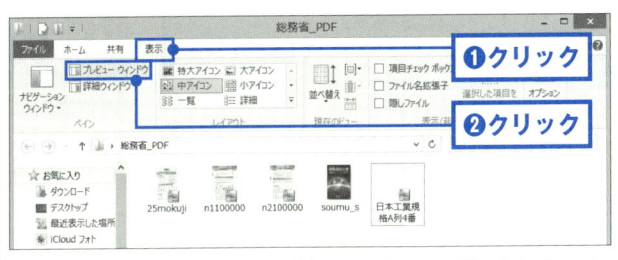

1 エクスプローラーのメニューで「表示」タブをクリックし❶、「プレビューウィンドウ」をクリックする❷。

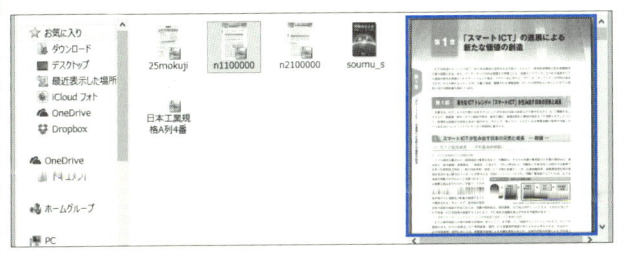

2 選択したPDFの中身が、「プレビューウィンドウ」に表示されるようになる。

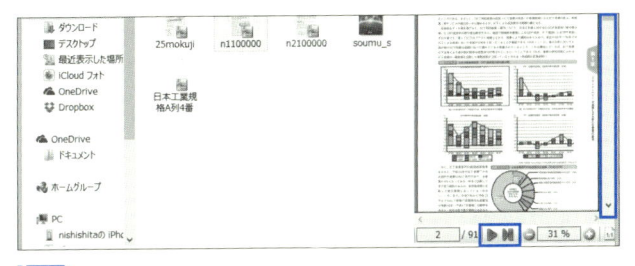

3 ▶▶やスクロールバーで、ページの切り替えができる。

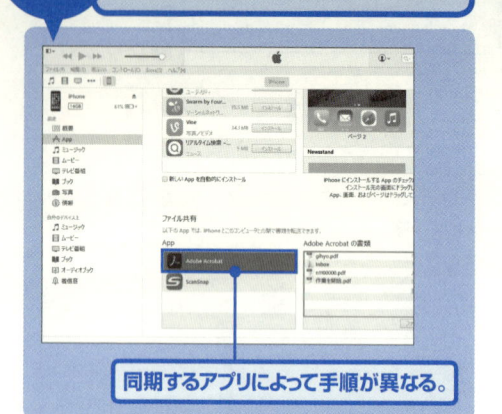

087

iPhoneにPDFを取り込む

ここがポイント！ iTunes経由でPDFファイルを取り込む

同期するアプリによって手順が異なる。

iPhoneでPDFを閲覧するには、iTunes経由でファイルを転送し、iPhone版AdobeAcrobatや「iBooks」などを利用する。「iBooks」を利用する場合、PDFをパソコンのiTunes上にドラッグ&ドロップして「ブック」ライブラリに登録し、iPhoneと同期すればよい。一方、AdobeAcrobatなどを利用する場合は、**ファイル共有の設定を行う必要がある。**

[iTunes]

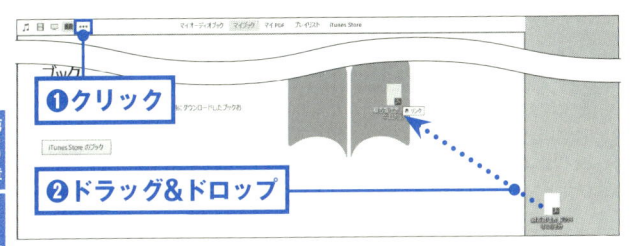

1	「…」→「ブック」をクリックして❶、iTunesにPDFをドラッグ&ドロップする❷。

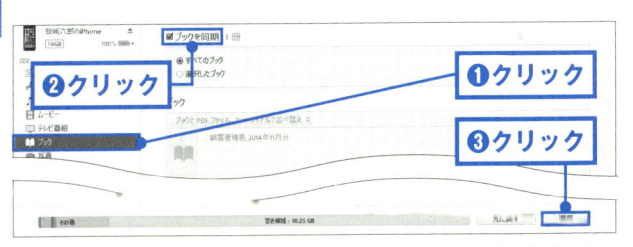

2	iPhoneの同期画面を表示し、「ブック」タブをクリックし❶、「ブックを同期」をクリックしてチェックを付け❷、「適用」をクリックする❸。

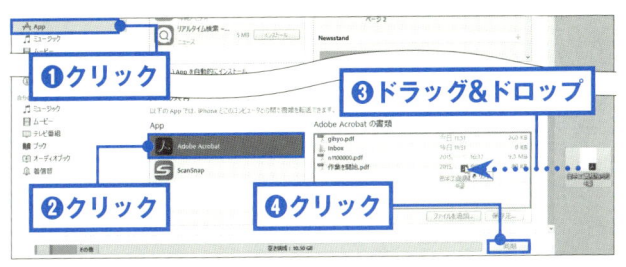

3	スマートフォン版Adobe Acrobatなどの場合は、「App」タブをクリックし❶、「ファイル共有」から任意のPDFビューアーをクリックして❷、PDFをドラッグ&ドロップする❸。その後、「同期」をクリックする❹。

088

AndroidにPDFを取り込む

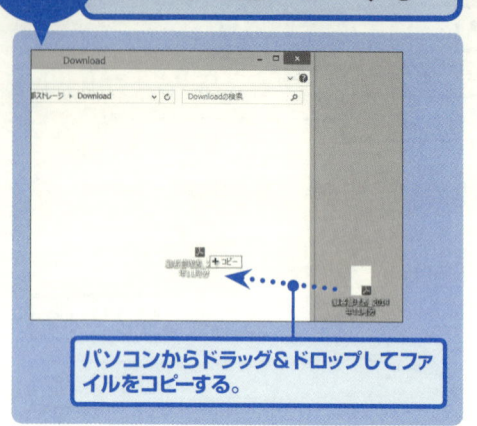

ここがポイント！ 内部ストレージにPDFファイルをコピーする

> パソコンからドラッグ＆ドロップしてファイルをコピーする。

大抵のスマートフォンには、初期状態でPDFビューアーがインストールされているほか、Androidも「Playストア」で公開されている。AndroidスマートフォンのAndroid版のAdobe Acrobatも「Playストア」で公開されている。AndroidスマートフォンのBluetoothの場合は、iPhoneのようなソフトを使った同期の必要はなく、「内部ストレージ」にPDFをコピーするだけで閲覧できる。だが、無造作にファイルを入れると、管理が大変なので、**決まったフォルダにま**とめて保存しておこう。

[エクスプローラー]

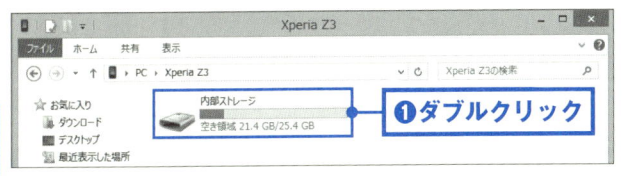

1 Androidスマートフォンをパソコンに接続して表示された画面で、「内部ストレージ」をダブルクリックする❶。

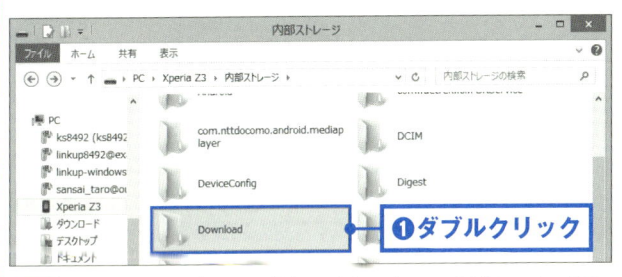

2 「内部ストレージ」のどこに保存してもよいが、ここでは「Download」フォルダをダブルクリックする❶。

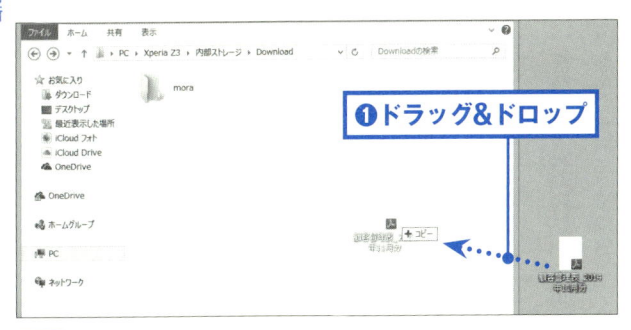

3 PDFファイルをドラッグ&ドロップすると❶、コピーされる。

089

Google ドライブ経由でスマートフォンにPDFを取り込む

[スマホ版 Googleドライブ]

ここがポイント! ケーブルなしでPDFを取り込める

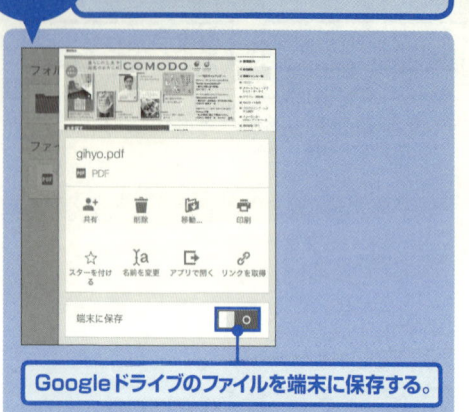

Googleドライブのファイルを端末に保存する。

スマートフォンへPDFを取り込む際に、iTunesで同期したり、USBケーブルで接続するのが面倒な場合もあるだろう。そういった場合には、Googleドライブ経由で取り込むのも1つの手だ。

サイズが大きいファイルは転送に時間がかかるが、ケーブルなしでファイルを共有できるため、スマートフォンとパソコンなど、**複数の端末でPDFを閲覧する**ことが多いなら、この方法がおすすめだ。

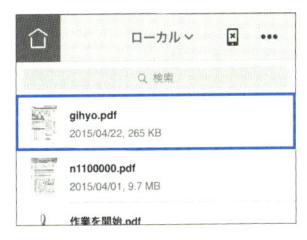

第5章 活用編　これは衝撃！一歩上行く活用術

1. パソコンからアップロードしたPDFは、スマートフォンの「Googleドライブ」アプリに自動で同期される。ダウンロードしたいファイルの⋮をタップする❶。

2. 「端末に保存」の○をタップする❶。

3. ダウンロードしたPDFはスマートフォン本体に保存され、スマートフォン版Adobe Acrobatなどのビューアーで自由に利用できる。

201

090 パソコンとスマートフォンをモバイルリンクでつなぐ

ここがポイント！ 異なる端末間で作業を共有できる

異なる端末に、同じAdobe IDを入力してログインする必要がある。

Acrobat Readerでは、パソコンとスマートフォンなど、異なる端末の間で同じPDFを閲覧・編集できる「Mobile Link（モバイルリンク）」という機能が利用できる。「Mobile Link」を利用すれば、たとえばパソコンから注釈を追加すると、Adobe社のクラウドストレージに自動的に保存され、スマートフォンでそのPDFを開いた際にも、パソコンから追加した注釈が反映されるようになる。

[Acrobat Reader]

▼パソコンでモバイルリンクをオンにする

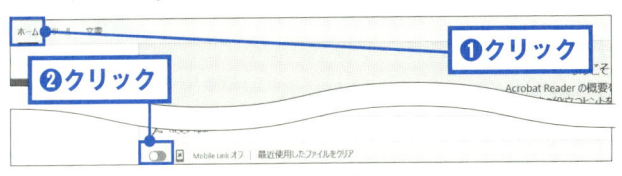

1 ツールバーの「ホーム」をクリックして❶、画面左下の⬤をクリックする❷。

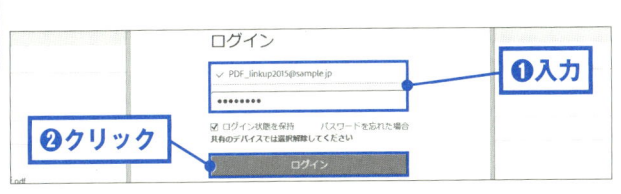

2 Adobe IDのメールアドレスとパスワードを入力して❶、「ログイン」をクリックすれば❷、モバイルリンクがオンになる。Adobe IDを持っていない場合は、「Adobe IDを取得」をクリックして、必要な情報を登録しよう。

▼スマートフォンでモバイルリンクをオンにする

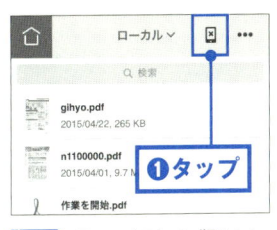

1 スマートフォン版Adobe Acrobatを起動する。📱をタップし❶、＜Mobile Linkをオンにする＞をタップする。

2 パソコンで入力したのと同じメールアドレスとパスワードを入力し❶、「ログイン」をタップする❷。

COLUMN

コラム 5

Adobe IDで
サインインするメリット

Adobe ID でサインインして Acrobat Reader や Adobe Acrobat を利用すると、Adobe 社が提供するクラウドサービス「Adobe Document Cloud」が利用できる。Adobe Document Cloud には、P.202 で紹介した「モバイルリンク」機能以外にも、さまざまな機能がある。

たとえば、「送信とトラック」機能を使えば、容量の大きな PDF でもかんたんに、メールでやり取りできる。Acrobat Reader のツールパネルウィンドウから「送信とトラック」をクリックし、PDF を選択して「リンクを作成」をクリックしよう。「ファイルは共有されました」画面で「リンクを電子メールで送信」をクリックすると、リンクが入力された状態でメールの新規作成画面が起動する。

第 6 章

セキュリティ編

これは安心！セキュリティ対策術

091 社外秘のPDFにロックをかける

ここがポイント！ 見られたくないPDFにはロックをかける

「パスワード」を要求されるようになる。

[PDF-XChange Viewer]

　情報の流出事件が相次ぐ昨今、とくにビジネスの現場では、情報の取り扱いに細心の注意を払う必要がある。PDFはビジネスで利用されることが多いフォーマットなので、セキュリティ機能も充実している。ビジネスでPDFを利用するなら、PDFのセキュリティ機能は使いこなせるようにしておきたい。

　まずは、もっとも基本的で使用頻度の高い「閲覧制限」のかけ方を覚えよう。

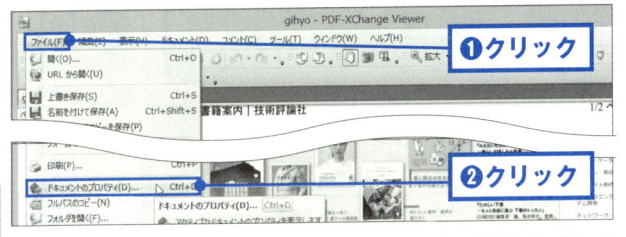

1 ロックをかけたいPDFを「PDF-XChange Viewer」で表示する。「ファイル」をクリックし❶、「ドキュメントのプロパティ」をクリックする❷。

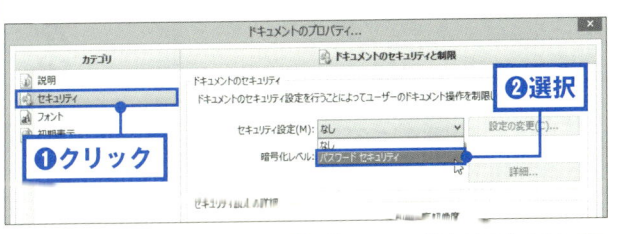

2 「セキュリティ」タブをクリックし❶、「セキュリティ設定」から「パスワードセキュリティ」を選択する❷。

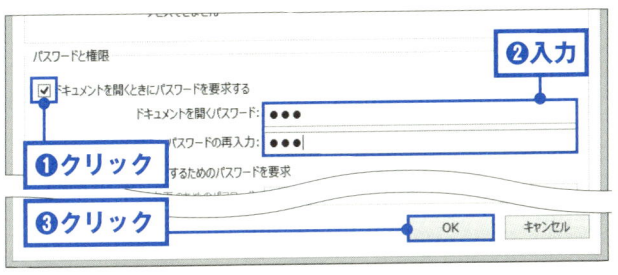

3 「ドキュメントを開くときにパスワードを要求する」をクリックしてチェックを付け❶、パスワードを入力して❷、「OK」をクリックする❸。設定後、PDFを保存する。

092 PDFにかけたロックを解除する

ここがポイント！ PDFのロックは、いつでも解除できる

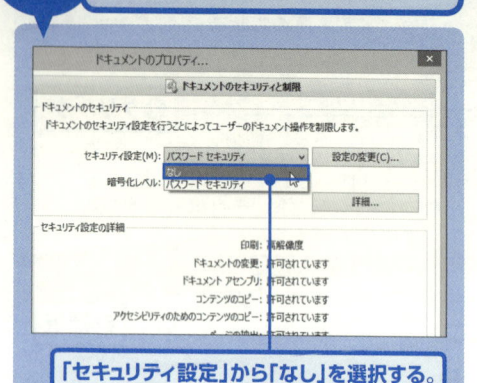

> 「セキュリティ設定」から「なし」を選択する。

P.206で行った「社外秘のPDFにロックをかける」では、PDFを「パスワード」で保護する方法を説明したが、パスワードによる保護は、**不要になったらいつでも解除できる。**

ロックを解除したい場合は、対象のPDFを表示し、メニューから「ファイル」→「ドキュメントのプロパティ」を選択する。もちろん、ロードの際には「パスワード」の要求画面が表示されるので、「パスワード」を入力しよう。

[PDF-XChange Viewer]

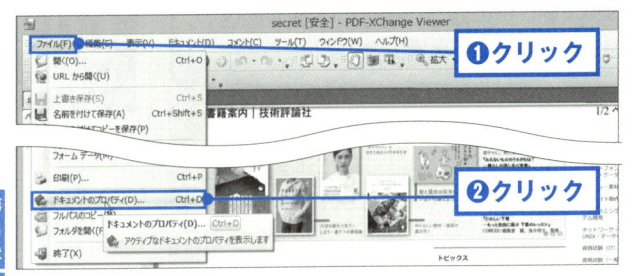

1 対象のPDFを表示し、パスワードを入力する。「ファイル」をクリックし❶、「ドキュメントのプロパティ」をクリックする❷。

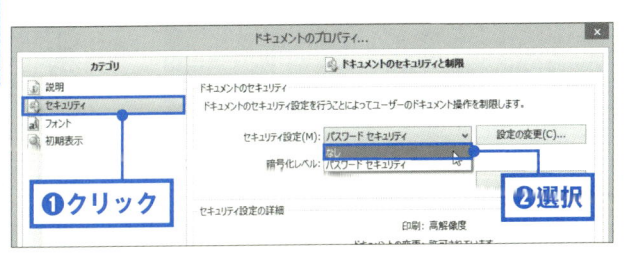

2 「セキュリティ」タブをクリックし❶、「セキュリティ設定」から「なし」を選択する❷。

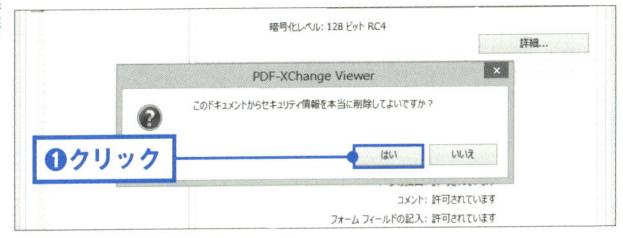

3 確認ダイアログで「はい」をクリックし❶、PDFを保存する。

093 印刷や編集を制限する

ここがポイント! 「印刷」「編集」の制限をかけられる

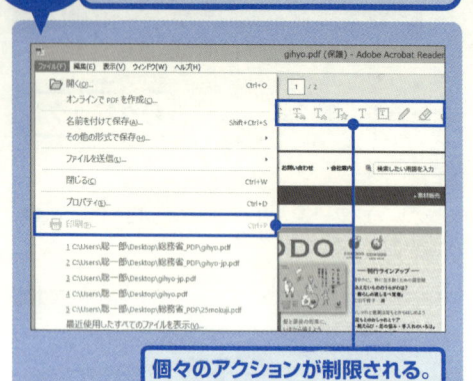

個々のアクションが制限される。

PDFは、「印刷」や「編集」といったアクションに対してのみ、制限をかけることも可能だ。

重要な文書や、秘匿性が高いもの、著作権のあるコンテンツなどをPDFで作成した場合、勝手に内容を改ざんされたり、印刷してばらまかれると大変なことになる。そのようなPDFを共有する場合は、印刷や編集を制限しておこう。

なお、印刷や編集の制限は、「PDF-XChange Viewer」で行う。

[PDF-XChange Viewer]

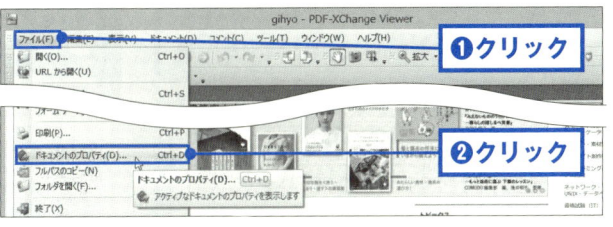

1 ロックをかけたいPDFを表示します。「ファイル」をクリックし❶、「ドキュメントのプロパティ」をクリックする❷。

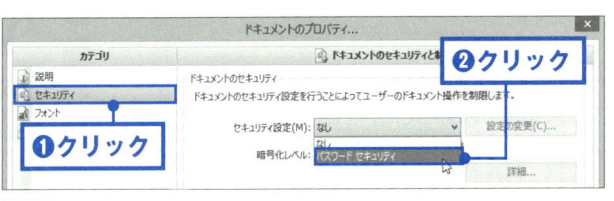

2 「セキュリティ」タブをクリックし❶、「セキュリティ設定」から「パスワードセキュリティ」をクリックする❷。

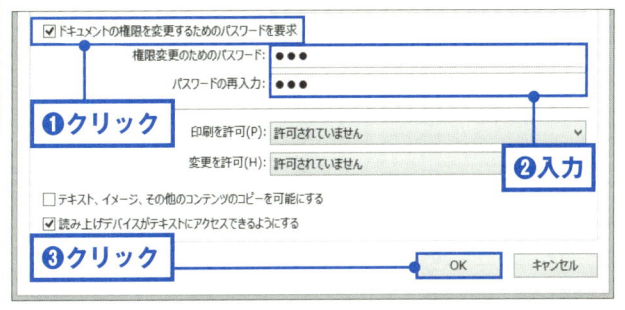

3 「ドキュメントの権限を変更するためのパスワードを要求」のチェックをクリックして付け❶、パスワードを入力して❷、「OK」をクリックする❸。設定後、PDFを保存する。

094

PDFのパスワードを忘れてしまった

ここがポイント! PDFのパスワードを忘れても、状況によっては救済可能

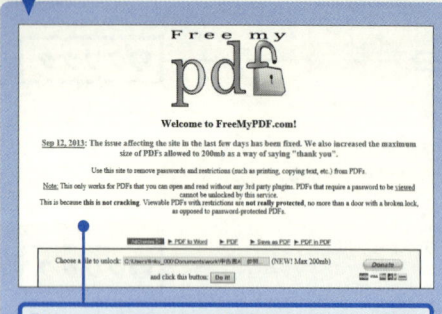

「FreeMyPDF.com」でセキュリティを解除する。

PDFの閲覧や編集、印刷を制限できるPDFのセキュリティ機能は、非常に有益なものだ。しかし、パスワードは複雑な文字列を設定するのが原則なので、ときにはパスワードを忘れてしまうことがあるかもしれない。このような場合でも、**状況によっては救済できる可能性がある**。

「編集」や「印刷」「テキストコピー」などの緩い制限であれば、解除できる可能性があるので試してみよう。

[Internet Explorer]

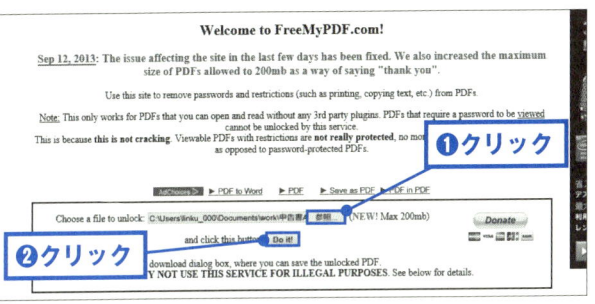

1 「FreeMyPDF.com」(http://freemypdf.com/)にアクセスし、「参照」をクリックして❶、PDFファイルを選択する。設定が完了したら「Do it!」をクリックしてアップロードする❷。

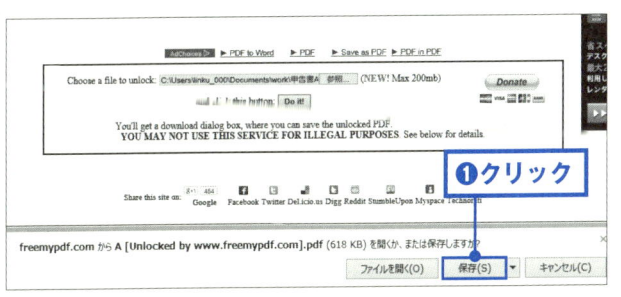

2 処理が終了すると、ファイルがダウンロードできる。「保存」をクリックする❶。

★ One Point ! ★

P.206「社外秘のPDFにロックをかける」で説明したセキュリティ機能、つまり「閲覧制限」の解除は、かなり難しい。上記の方法でもセキュリティの解除はできない。どうしてもパスワードを解除したいという場合は、P.222「PDFのセキュリティ解除に伴う危険」を参照してほしい。

095 詳細なセキュリティをかける

ここがポイント！ アクションごとに詳細な設定を行える

印刷や編集の詳細な設定ができる。

P.210「印刷や編集を制限する」では、「印刷」や「編集」といったアクションに制限をかける方法を説明した。だが、「ドキュメントのプロパティ」の「セキュリティ」を使いこなせば、もっと細かいアクション制限が可能になる。

たとえば、「印刷」制限では印刷時の画像の解像度を選択できる。写真などが多いPDFの場合、「低解像度」を選択することで、オリジナルの画像の著作権を守ることができる。

[PDF-XChange Viewer]

これは安心！セキュリティ対策術

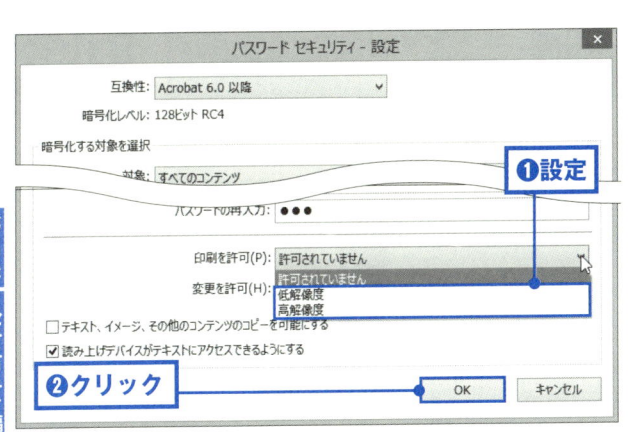

1 P.211を参考に、ドキュメントの権限にロックをかける。「印刷を許可」から、解像度による印刷制限を設定し❶、「OK」をクリックして❷、PDFを保存する。

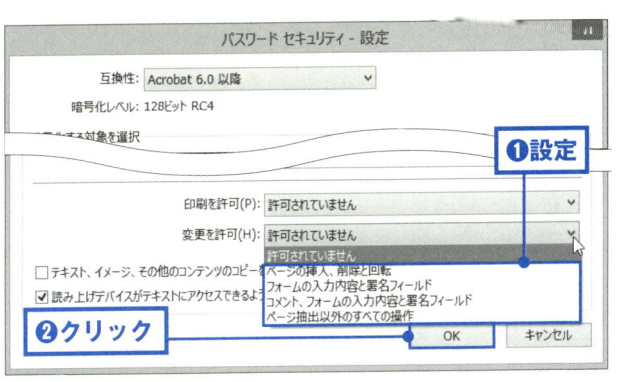

2 「変更を許可」からは、「フォームの入力」「コメントの入力」などの制限範囲を細かく設定できる❶。設定が完了したら、「OK」をクリックして❷、PDFを保存する。

096 フォルダにパスワードをかける

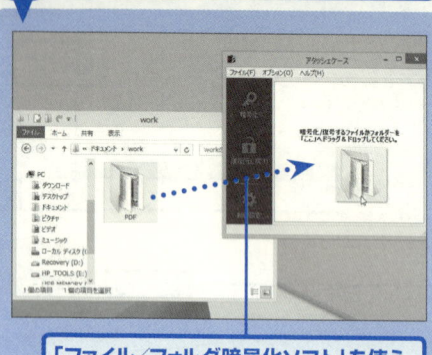

ここがポイント! フォルダごとパスワードで保護する

「ファイル／フォルダ暗号化ソフト」を使う。

[アタッシェケース]

フォルダに重要なPDFを多数保存している場合には、個々のPDFだけでなく、PDFを保存しているフォルダにもパスワードをかけるとよい。ここでは、フリーソフト「アタッシェケース」を紹介する。

このソフトは、ファイルをドラッグ＆ドロップするだけでパスワードの設定が行える。ただし、相手に送る場合は、フォルダを開く相手も「アタッシェケース」をインストールしている必要がある。

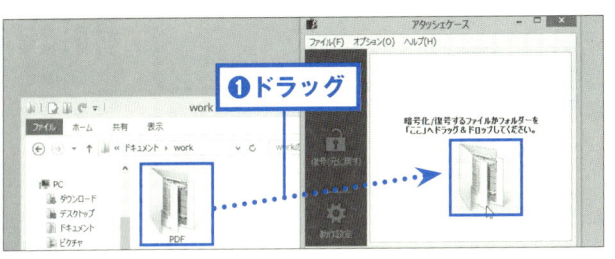

1 「アタッシェケース」(http://hibara.org/software/attachecase/)をインストールして起動し、パスワードで保護したいファイルやフォルダをドラッグ&ドロップする❶。

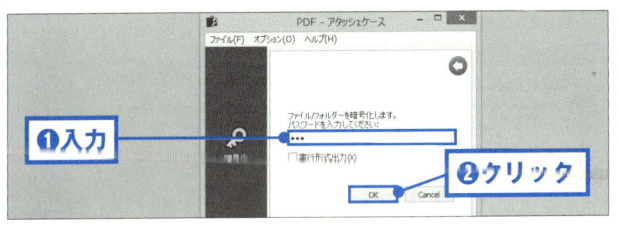

2 パスワードを入力して❶、「OK」をクリックする❷。確認画面が表示されるので再度入力する。

3 ファイルやフォルダが拡張子「.atc」のファイルとして保存される。データを復元するには、ファイルをダブルクリックし❶、パスワードを入力して❷、「OK」をクリックする❸。

097 文章の一部を黒く塗りつぶしたい

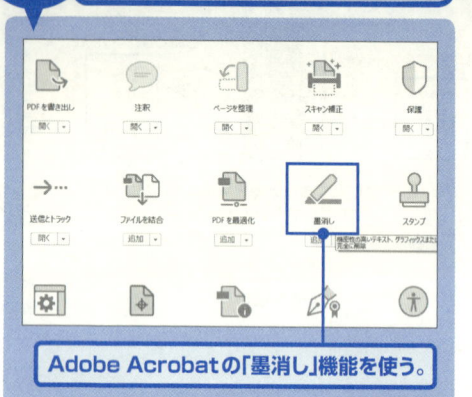

ここがポイント！ 「黒塗り」で情報漏洩を防ぐ

Adobe Acrobatの「墨消し」機能を使う。

[Adobe Acrobat]

機密文書などの公開時に見られる「黒塗り」は、情報流出を防ぐために非常に重要な機能で、PDFにもこの機能がある。

ただし、PDFの「黒塗り」機能は残念ながらAcrobat Readerやフリーソフトでは利用できず、「Adobe Acrobat」を利用する必要がある。Acrobat Readerの「注釈」機能を使えば、一見黒塗りのように隠すことはできるが、「注釈」の位置はかんたんに移動したり削除ができるので注意しよう。

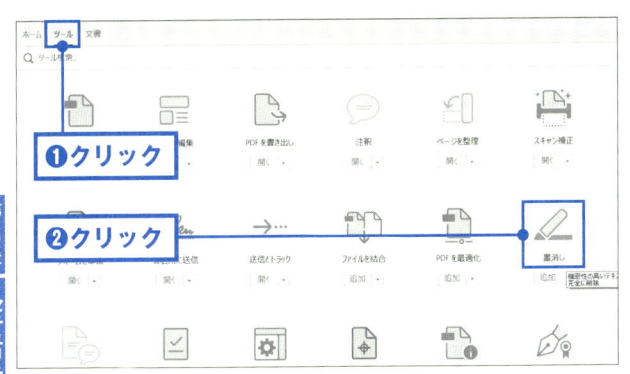

第6章 セキュリティ編 これは安心！セキュリティ対策術

1 「ツール」タブをクリックし❶、「墨消し」をクリックする❷。

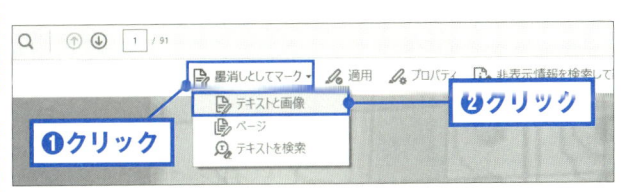

2 「墨消しとしてマーク」をクリックして❶、「テキストと画像」をクリックする❷。

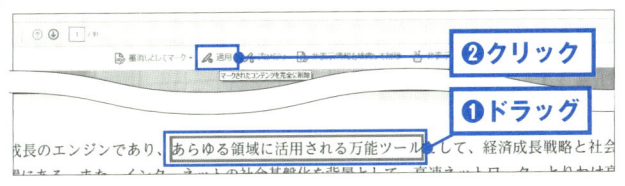

3 「黒塗り」したい箇所をドラッグして範囲指定し❶、「適用」をクリックする❷。確認画面で「OK」→「はい」を選択すれば、テキスト検索やコピーができなくなる。

219

098 スマホでロックのかかったPDFを表示する

ここがポイント！ スマホでもロックのかかったPDFを見れる

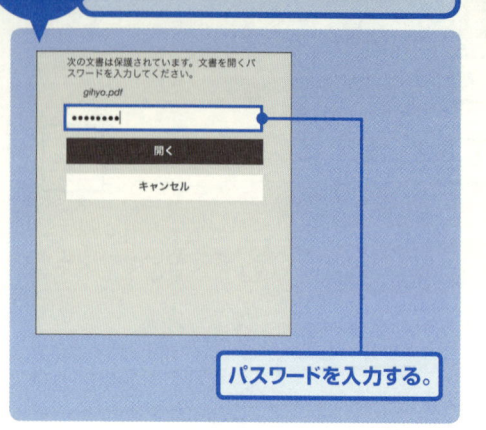

パスワードを入力する。

[スマホ版 Adobe Acrobat]

P.206「社外秘のPDFにロックをかける」では、PDFの閲覧にロックをかける方法を説明した。閲覧時にパスワード入力を要求されるが、スマートフォン上でもほとんどのPDFビューアーは、**閲覧制限のかかったPDFの表示が可能だ**。PDFをタップすると、通常のPDFであればすぐに内容が表示されるが、閲覧制限がかけられたPDFの場合、「パスワードを入力」画面が表示される。ここで、パスワードを入力しよう。

第6章 セキュリティ編　これは安心！セキュリティ対策術

1 スマートフォン版Adobe Acrobatのメニューで、閲覧したいPDFをタップする❶。

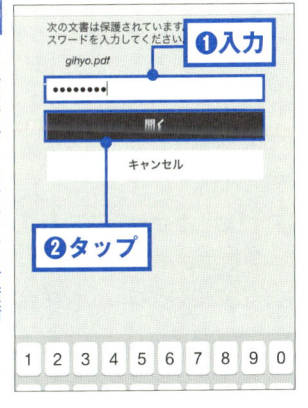

2 パスワードを入力し❶、「開く」をタップすると❷、PDFの内容が表示できる。

★One Point!★

スマートフォン版のAdobe Acrobatも、「注釈」の編集機能を備えている。ただし、「編集」に制限がかけられているPDFの場合には、編集機能が利用できない。

221

COLUMN

コラム **6**

PDFの
セキュリティ解除に伴う危険

P.212「PDFのパスワードを忘れてしまった」では、「自分が作成したPDFにかけたパスワード」を忘れた場合の対処法を説明した。だが、この種の行為には注意が必要だ。2012年の著作権法の改正により、「プロテクト技術の回避」は、法的に極めて危うい行為となったからだ。

P.212ではあえて触れなかったが、実はPDFの「閲覧制限」ですら解除可能なソフトが、いくつか存在する。総当たりでパスワードを破る「PDFCrack」などだ。

そして、改正著作権法で違法とされたのは、「プロテクトを解除して複製すること」であって、「自分でかけたプロテクトの解除」だけであれば、罪に問われることはない。

だが、この種のソフトはかんたんに、「他人がかけたプロテクトの解除」に流用できてしまうため、常に危うさがつきまとう。

加えて、法的に危ういソフトだけに、この種のソフトの配布元は信頼性に疑問符が付く場合が多く、中にはコンピュータウイルスまがいの広告プログラムを勝手に仕込むようなものもあり、この点でも注意が必要だ。

付　録

ソフト&アプリ編
便利なソフト&
アプリを
インストールする

Adobe Acrobat Reader DC

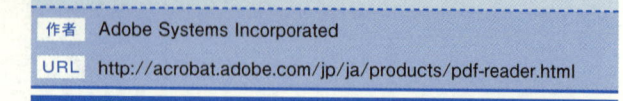

作者	Adobe Systems Incorporated
URL	http://acrobat.adobe.com/jp/ja/products/pdf-reader.html

無料のAcrobat ReaderはPDFの閲覧のみ可能で作成はできないが、使いやすい「注釈」機能が搭載されているほか、もちろん印刷も可能だ。PDFを扱う上で、絶対に欠かせないソフトと言えるだろう。

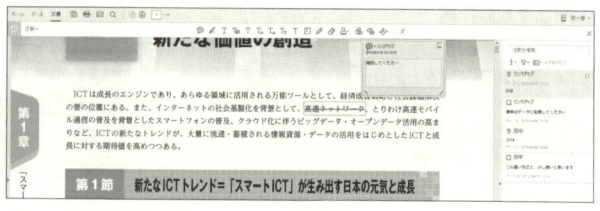

使いやすい「注釈」機能は、ビジネスの現場でもおおいに役立ってくれる。

無料ソフトにも関わらず、「印刷」に関しては最高レベルの機能を備えている。

Adobe Acrobat DC

作者　Adobe Systems Incorporated
URL　http://acrobat.adobe.com/jp/ja/acrobat.html

Acrobat Readerの機能に加えて、PDFの作成や高度な編集、閲覧制限なども可能な高機能ソフト。年間プランへの加入が必要な有料ソフトだが、ビジネスでのPDF作成にもっとも適したソフトだと言える。

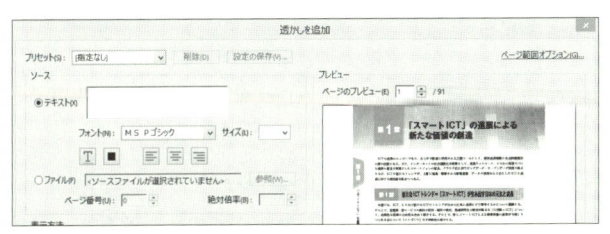

豊富な機能で、PDFの閲覧から印刷、作成まで、ビジネスに最適のソフトだ。

レイアウトが崩れやすいWebページのPDF化も、Adobe Acrobatなら非常に高精度な再現性を誇る。

PDF-XChange Viewer

作者 Tracker Software Products Ltd.

URL http://www.tracker-software.com/

フリーの PDF ビューアーだが Acrobat Reader 以上の機能を備え、Adobe 純正ソフトとの互換性も高い。有料の「Pro 版」は Adobe Acrobat の安価な代替品としても利用できる。

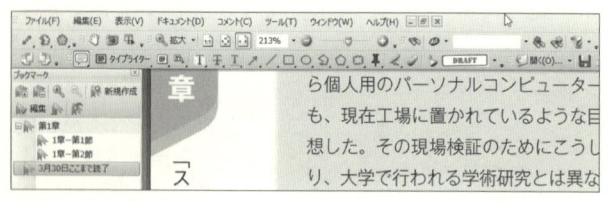

無料でありながら、Adobe Acrobatにしかない機能の一部を搭載する、優れたPDFビューアー。

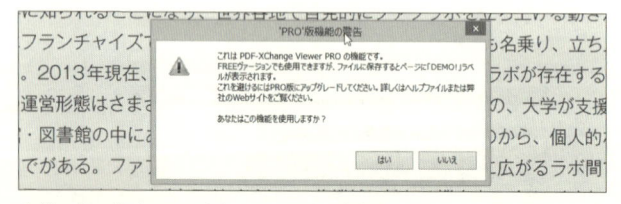

有料の「Pro版」にアップグレードすれば、安価なAdobe Acrobat互換ソフトとして利用できる。

スーパーPDF 変換・編集・作成

作者　Wondershare
URL　http://www.wondershare.jp/win/pdf-editor.html

ほかの文書形式への変換や複数のPDFの結合が可能で、中にはAdobe Acrobatすら備えていない機能もある。ただし、無料体験版は保存時に大きな広告が挿入されるため、保存するには有料版を購入する必要がある。

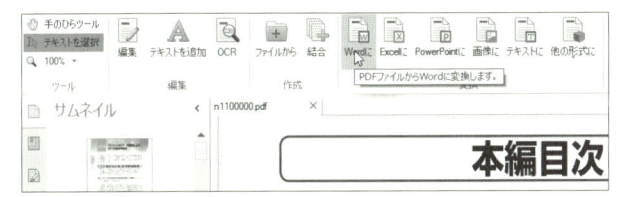

ページの挿入や削除、ほかの文書形式への変換、複数のPDFの結合といった特殊な機能に特化したPDFソフト。

無料体験版は保存時に広告が挿入されるため、機能が気に入ったら有料版を購入しよう。

CubePDF

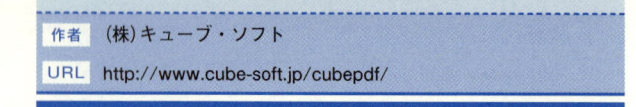

作者 （株）キューブ・ソフト
URL http://www.cube-soft.jp/cubepdf/

「仮想プリンター」としてインストールされるPDF変換ソフト。「印刷」機能を備えたすべてのアプリでPDF作成が可能になる。とくに日本語環境下における高い互換性には定評がある。

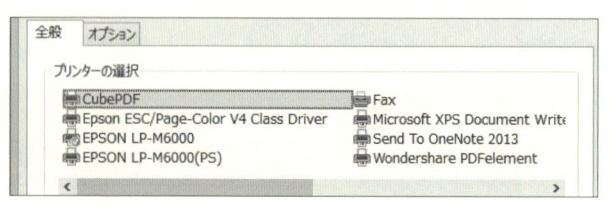

「仮想プリンター」としてインストールされるので、「印刷」機能を持つすべてのソフトでPDF作成が可能になる。

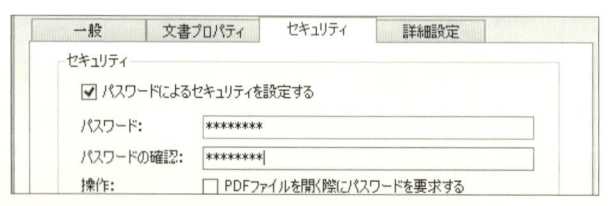

印刷を実行すると「設定」画面が表示され、作成するPDFのセキュリティ設定なども可能だ。

CubePDF Utility

作者 （株）キューブ・ソフト

URL http://www.cube-soft.jp/cubepdfutility/

ページ単位の編集に特化したフリーの PDF 編集ソフト。編集機能の使い勝手は抜群で、ドラッグ＆ドロップだけで挿入や削除、順序変更をかんたんに行うことができる。PDFのページ編集には欠かせないソフトだ。

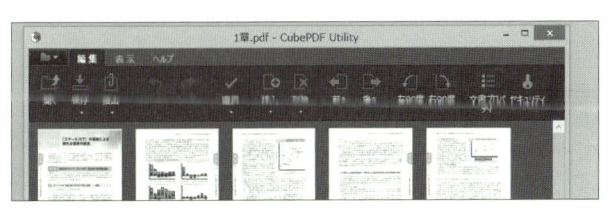

ページ単位のPDF編集に特化しており、ページの順序変更や特定ページの抜き出しなどをかんたんに行える。

サムネールをダブルクリックすると、プレビューで内容を確認しながらページを入れ替えることができる。

PDForsell

作者 Yomogi Softoware

URL http://yomogi.nobushi.jp/pdf.html

「PDForsell」は、ページ単位の編集に特化したソフト。PDF分割やページの削除、複数のPDFの結合といった機能を利用できる。シェアウェアなので200円の料金が必要だが、試用版には30日間の無料期間がある。

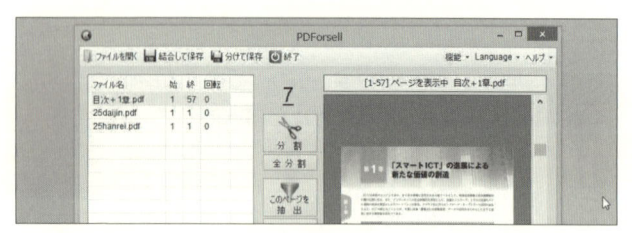

PDF分割や結合など、ページ単位の編集に特化した「PDForsell」。

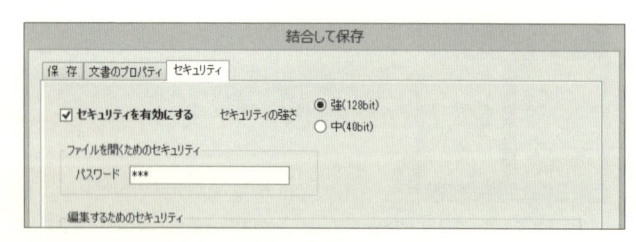

作成するPDFにはセキュリティ設定も可能。

PDF Compressor

作者 PDFCompressor.net

URL http://www.pdfcompressor.org

多くの図表を含むPDFはデータサイズが大きくなりがちだが、「PDF Compressor」を使えばPDF内の画像の画質が若干劣化してしまうものの、PDFのデータサイズを扱いやすいサイズに圧縮できる。

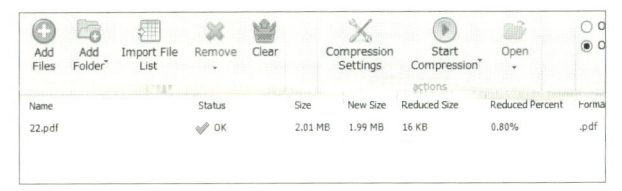

「PDF Compressor」なら、かんたんな操作でPDFのデータサイズを圧縮できる。

最新バージョン（http://www.pdfcompressor.net）では保存時に透かしが入るようになってしまった。そのため、「http://www.pdfcompressor.org」からダウンロードできる旧バージョンがおすすめだ。

PDF Slim

作者 （株）マグノリア

URL http://www.magnolia.co.jp/free/

国産ソフトの「PDF Slim」は、PDF内の画像の再圧縮によってデータサイズを圧縮できる。完全なフリーソフトでありながら、サイズの大きな図表を多く含むPDFでは、驚くほどサイズを小さくできることもある。

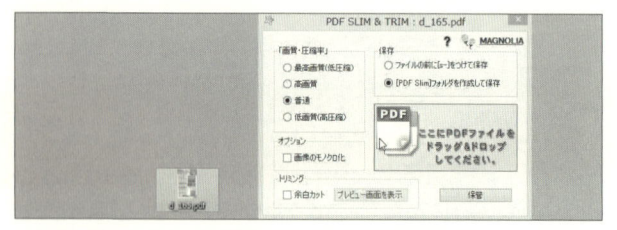

ファイルをドラッグ&ドロップするだけでデータサイズを圧縮できる。

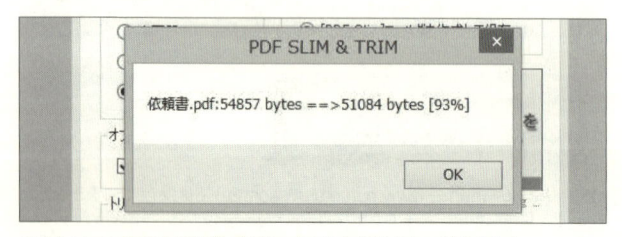

PDFによって圧縮率には差があり、あまり小さくならない場合もある。

付録 ソフト&アプリ編 — 便利なソフト&アプリをインストールする

ConcatPDF

作者 氏原 一哉

URL http://www.vector.co.jp/soft/win95/writing/se314678.html

「複数のPDFの結合」と「1ページ単位での分割」が行える。この操作を組み合わせて複数のPDFを1つにまとめたり、ページ単位での削除や挿入やページの入れ替えがかんたんにできる。

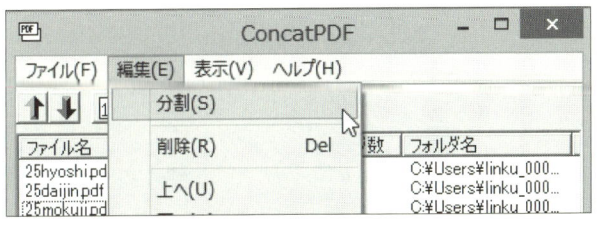

シンプルな操作感のPDF結合／分割ソフト。

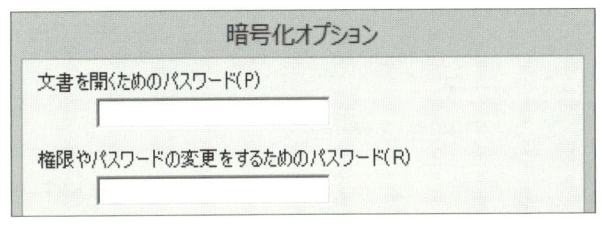

暗号化など必要最小限の機能はしっかり備わっている。

233

Foxit J-Reader

作者　Foxit Corporation

URL　http://www.foxit.co.jp/products/foxit-j-reader

「Foxit J-Reader」は、高性能なPDFビューアーソフト。閲覧のみならず、「仮想プリンター」として、印刷機能を備えたすべてのアプリでPDF作成ができる。Adobe社のソフト以外では定番のフリーソフトだ。

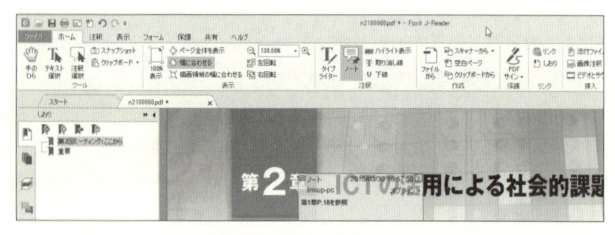

フリーのPDFソフトとしては定番。さまざまな機能が備わっている。

ビューアーソフトでありながら「仮想プリンター」まで利用できる。

クリックスタンパー

作者 Tomoyasu Kato

URL http://hp.vector.co.jp/authors/VA041064/soft/click_stamper.html

Acrobat Reader の「注釈」機能からは、PDF上に印鑑を押せる「電子印鑑」を利用できる。「クリックスタンパー」はこれと似たような電子印鑑を、かんたんに作成できるソフトだ。丸印・角印が作成できる。

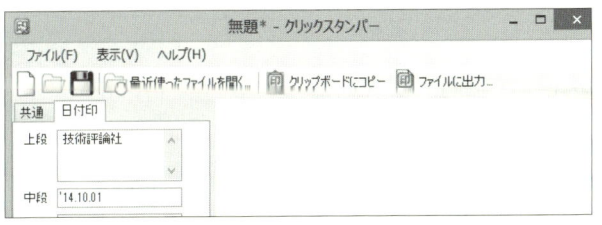

入力した内容を電子印鑑として保存できる。

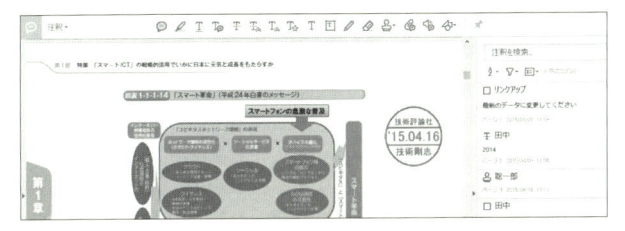

作詞した電子印鑑は、Acrobat Reader上で貼り付けることができる。

かんたんPDFダイエット

作者 Smart-PDA.net
URL http://smart-pda.net/software/PDFDietEasy/

紙の書物の電子化、いわゆる「自炊」をしようとすると、利用環境によって最適な画像サイズが違ったり、文字が読みづらくなったりと面倒も多い。しかし「かんたん PDF ダイエット」は、それらの面倒を自動処理してくれる。

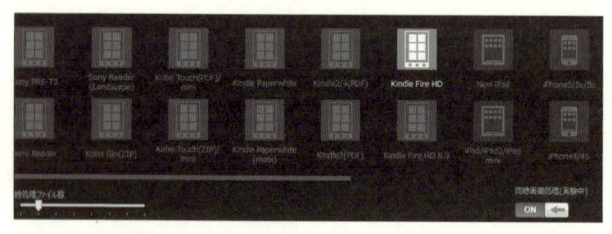

出力サイズを手持ちの端末から選択することができる。

無駄な余白やページ番号の除去など、自炊に必要なあらゆる機能を備えた、自炊には欠かせないソフトだ。

Adobe Reader Touch

作者 Adobe Systems Incorporated
入手 Windowsストアからインストール

ツールバーのアイコン配置をタッチ操作に最適化した「Adobe Reader Touch」は、タブレットパソコンなどのタッチパネル搭載機では、通常のAcrobat Readerよりも使い勝手がよい。

タッチパネル用に最適化されたAcrobat Reader、「Adobe Reader Touch」。Windows 8ユーザーのみ使用できる。

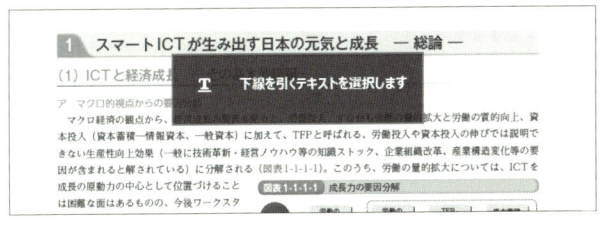

タッチ操作で、閲覧や注釈を行える。

PDF reDirect

作者 EXP Systems LLC
URL http://www.exp-systems.com/PDFreDirect/Downloads.htm

複数のPDFの結合、パスワード付きPDFの作成、ページの回転など、ほかの無料PDFソフトにはあまり見られない機能を備えている。また、仮想プリンターが付属されており、各種ソフトの印刷メニューからのPDF作成も可能だ。

複数のPDFの結合、パスワード付きPDFの作成といった特殊な作業に特化したPDF作成ソフト。

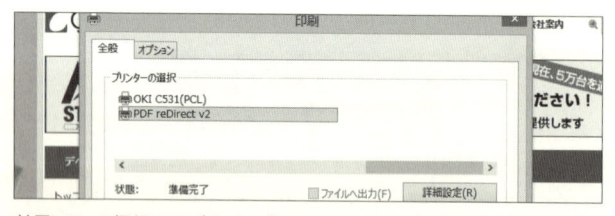

付属している仮想PDFプリンター「PDF reDirect v2」を利用すれば、各種ソフトの印刷メニューからPDFを作成できる。

付録 ソフト&アプリ編 便利なソフト&アプリをインストールする

pdf_as

作者 うちじゅう

URL http://uchijyu.s601.xrea.com/file.htm

「pdf_as」は、特殊な編集機能に特化したフリーソフト。PDFファイルの結合や分割、ヘッダー/フッターの挿入など、かゆいところに手が届く機能が魅力だ。また、画像やWebページのPDF化ツールとしても利用できる。

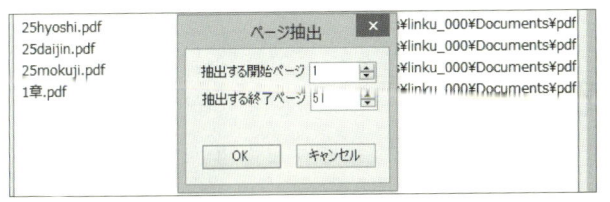

PDFファイルの結合や分割、ページの抽出や削除といった編集が可能だ。

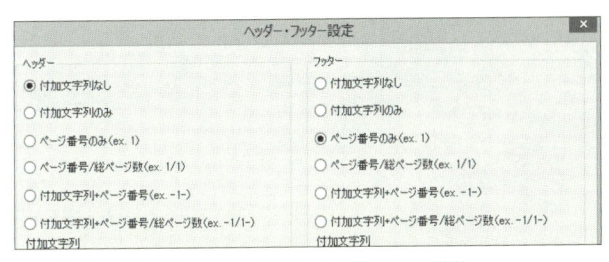

ページ番号の付加など、かゆいところに手が届く機能が満載。

JPdfBookmarks

作者 Flaviano Petrocchi

URL http://sourceforge.net/projects/jpdfbookmarks/

「JPdfBookmarks」は、PDFの「しおり」(ブックマーク)に特化したPDF編集ソフトだ。テキストファイル形式でしおりだけをインポート／エクスポートできるので、バックアップも作成できる。

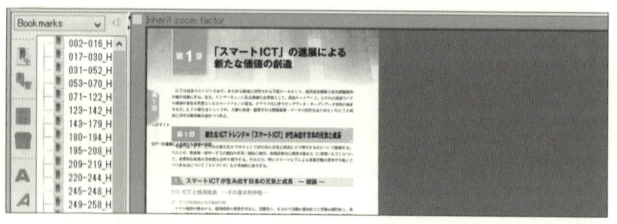

しおりに「子しおり」を追加したり、しおりの名前を太字や斜体にすることもできる。

しおりのデータだけをエクスポートして、バックアップすることができる。

Icecream Ebook Reader

作者 Raberles Investments Ltd
URL http://icecreamapps.com/jp/Ebook-Reader/

「Icecream Ebook Reader」は、電子書籍を一元管理できるソフトで、電子書籍以外のPDFの管理にも役に立つ。閲覧したページを記憶してくれるので、次に表示した際には続きから読むことができる。

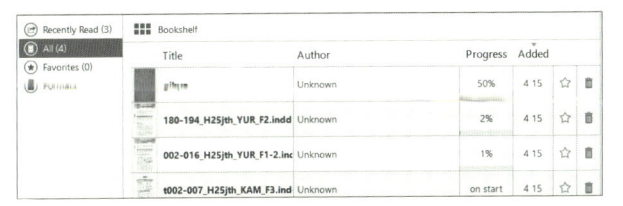

最近読んだファイルやお気に入りなど、PDFを振り分けて「本棚」のように管理できる。

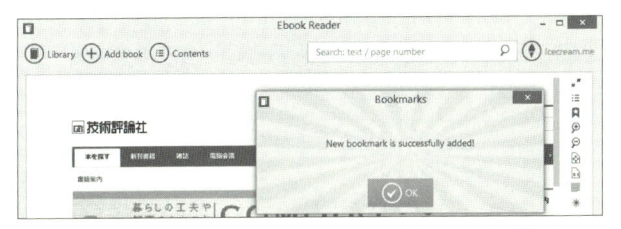

読んだページを自動で記憶するが、手動でしおりを追加することも可能だ。

ABBYY FineReader

作者 株式会社エーディーディー
URL http://finereader.add-soft.jp/download/

PDFやMicrosoft Officeとの連携が強力な、海外ではもっとも精度が高いといわれているOCRソフト（P.68参照）だ。日本語や英語を含む190もの言語に対応しており、海外製ではあるが日本語の認識精度は非常に高い。

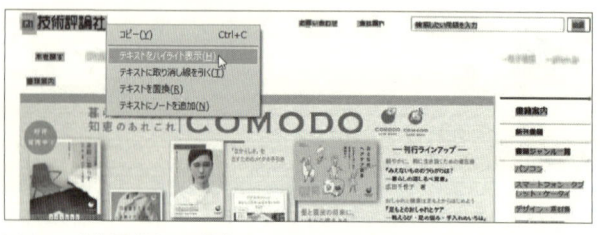

Webページを画像として保存し、ABBYY FineReaderで認識させたPDF。海外製ソフトだが、日本語認識精度は非常に高い。

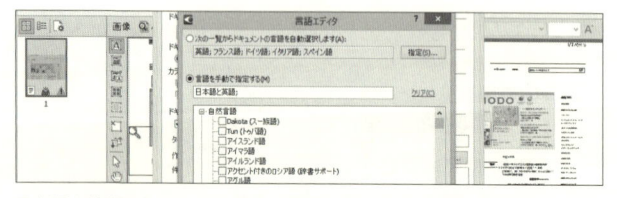

日本語や英語はもちろん、190もの言語の読み取りに対応している。

読取革命

作者 パナソニック ソリューションテクノロジー株式会社
URL http://www.panasonic.com/jp/company/pstc/products/yomikaku/demo.html

日本で非常に人気がある有料の OCR ソフトで、対応言語は日本語と英語だけだが、とくに漢字の識別力に優れている。最新版は Evernote との連係機能を備え、モバイル端末との親和性も高い。

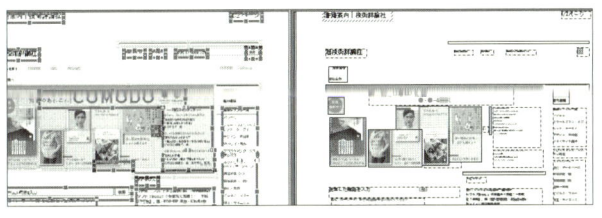

「かんたんモード」なら、画像を文字にかんたんに変換できる。

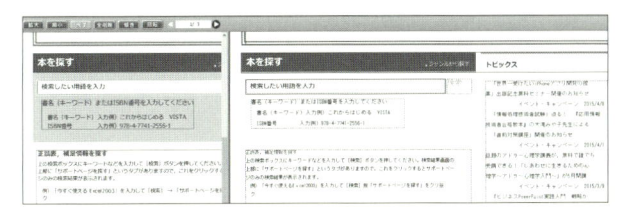

Webページを画像として保存し、読取革命で認識させたPDF。細かい数字や英字まで、正確に認識してくれる。

243

Adobe Acrobat DC
（スマートフォン版）

作者	Adobe Systems Incorporated
入手	App Store／Google Playからインストール

PDFが閲覧可能なスマートフォン用ビューアーは多数あるが、「注釈」機能をフル活用するには、やはりAdobe社の純正アプリがベストだ。機能性や安定性に優れている。

機能、安定性、動作の軽快さなど、すべての点で優秀なスマートフォン版アプリ。

パソコンで入力した「注釈」機能も問題なく閲覧・編集できる。

Docs To Go
- Free Office Suite

作者 DataViz, Inc.

入手 App Store／Google Playからインストール

スマートフォン用オフィス・スイート。PDFだけでなくOfficeファイルも一括管理できるのが魅力だ。以前は閲覧のみ可能だったが、現在では無料版でもOfficeファイルの編集が行える。

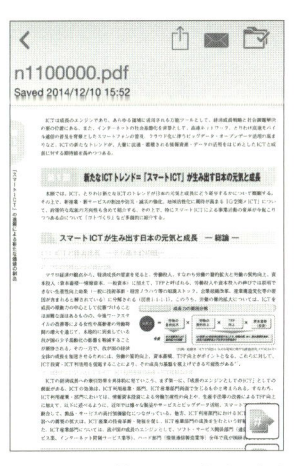

スマートフォン用Officeスイートである「Docs To Go」。多彩な機能が魅力だ。

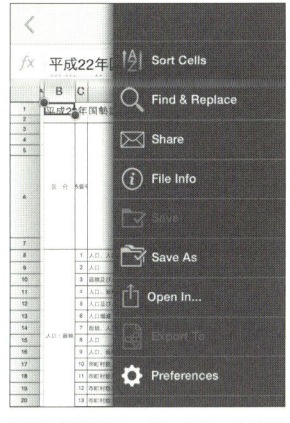

PDFでは行えないが、Office文書は無料版でも編集可能になった。スマートフォンでさまざまなファイルを扱う場合に重宝する。

MetaMoJi Note Lite

作者	MetaMoJi Corp.
入手	App Store／Google Playからインストール

「MetaMoJi Note Lite」は、紙のノートのようにスマートフォン上で手書きメモが作成できるアプリだ。数あるメモアプリの中でもとくにPDFとの連携が強力で、PDFを読み込めば手書きで「注釈」の入力ができる。

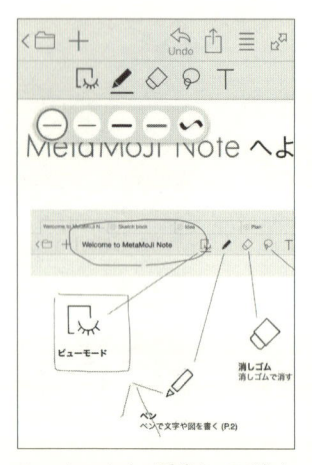

スマートフォン上で手書きメモが作れる。PDF形式でメモを保存することもできる。

PDFファイルを開けば、もちろん手書きの注釈を入れることが可能。

SideBooks

作者	Tokyo Interplay Co., Ltd.
入手	App Store／Google Playからインストール

電子書籍ビューアーの「SideBooks」は、スマートフォン版 Adobe Acrobat などと比べて表示速度が速く、紙をめくる感覚で PDF を閲覧できる。「ZIP」などの圧縮ファイル形式にも対応しており、PDF のコンパクト化にも適している。

動作が軽快な電子書籍ビューアー。表示速度が速いため、ストレスを感じることはない。

「ZIP」などで圧縮したPDFもそのまま閲覧できる。

CamScanner

作者	INTSIG Information Co.,Ltd
入手	App Store／Google Playからインストール

「CamScanner」は、カメラで撮影した写真を「JPEG」や「PDF」として保存できる。「OCR」機能を搭載しているため文字認識も可能で、ページ数が少なければ、スキャナとパソコンよりも手軽に電子化できる。

スマートフォンをスキャナとして利用できる。スキャナを持っていない人は、これで代用してもよいだろう。

斜めに撮影してしまっても、ガイドに沿ってかんたんに修正できる。

netprint

|作者|Fuji Xerox Co., Ltd.|
|入手|App Store／Google Playからインストール|

スマートフォン内の画像やPDFを、全国のセブンイレブンで印刷できる。外出先で印刷が必要な場合などに役立つほか、「CamScanner」と組み合わせて、撮影した画像をそのまま印刷することもできる。使用には、事前に無料の会員登録が必要。

全国のセブンイレブンのコピー機をプリンターとして利用できるようになる。

予約番号をコピー機に入力して、印刷しよう。

iPhoneにアプリを
インストールする

iPhoneでアプリをインストールするには、App Storeから行う。Apple IDが必要なので、事前に登録を行っておこう。なおアプリには定期的にアップデートがあるので、こちらもApp Storeから行う。

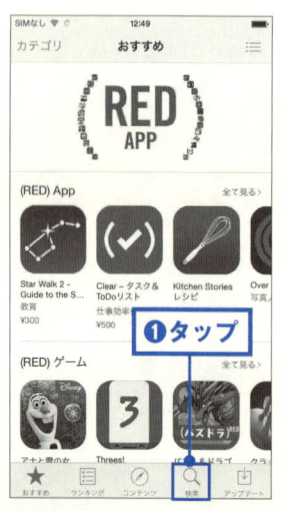

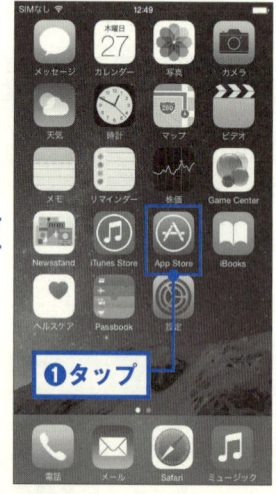

2 画面下部の「検索」をタップする❶。

1 ホーム画面で「App Store」をタップする❶。

250

付録　ソフト&アプリ編　便利なソフト&アプリをインストールする

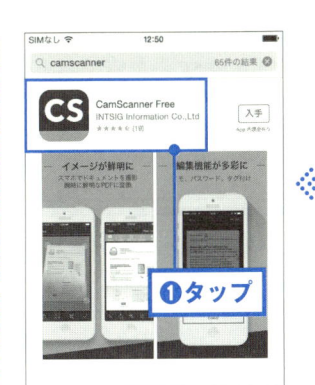

4 検索結果が表示されるので、インストールしたいアプリをタップする❶。

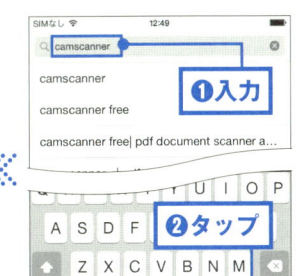

3 画面上部の入力欄をタップし、検索したいアプリの名前やキーワードを入力し❶、「Search」(または「検索」)をタップする❷。

6 「既存のApple IDを使用」をタップし、Apple IDとパスワードを入力して❶、「OK」をタップすると❷、インストールが開始される。

5 「入手」→「インストール」をタップする❶。

Androidにアプリを インストールする

Androidスマートフォンでアプリをインストールするには、Google Play を利用する。インストールには、Googleアカウントが必要だ。もし複数の PDF アプリをインストールした場合は、閲覧するアプリを選択する必要がある。

2 画面上部の検索欄をタップする❶。

1 ホーム画面またはアプリ画面から、「Playストア」をタップする❶。

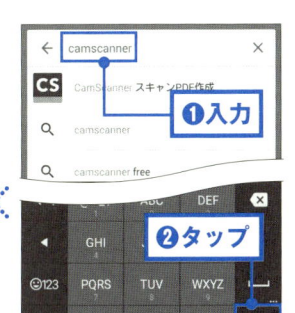

付録 ソフト&アプリ編 便利なソフト&アプリをインストールする

4 検索結果が表示されるので、インストールしたいアプリをタップする❶。

3 アプリの名前やキーワードを入力して❶、🔍をタップする❷。

6 アプリのアクセス許可を求める画面が表示されるので、「同意する」をタップすると❶、インストールが開始される。

5 「インストール」をタップする❶。

253

小冊子 … 158
白黒 … 72, 92
白黒印刷 … 144
図の挿入 … 114
図の取り出し … 34
スーパーPDF変換・編集・作成 … 227
透かし … 122
「スクロールを有効にする」モード … 29
スター … 182
スナップショット … 36
スマートフォン … 52, 76, 80, 130
制限 … 206, 210, 214
セキュリティ … 206
前後のページ … 22

た行

タイトルや作者 … 94
タブ … 5, 50
「単一ページ表示」モード … 29
注釈 … 42, 96
注釈の一覧 … 44, 156
抽出 … 88
ツールバー … 5, 178
ツールパネルウィンドウ … 5
手書き … 106
テキスト検索 … 66, 68
テキスト入力 … 96, 98
電子印鑑 … 116
ドキュメントとマークアップ … 154
取消線 … 100
取り込み … 196, 198, 200
トリミング … 124

な行

ナビゲーションパネル … 5
入力欄 … 84
ネットプリントサービス ベーシック … 162
ノート注釈 … 104

は行

パスワード … 206, 212, 216
表紙 … 192
フォルダ … 168, 182, 216
部数 … 134
ブックマーク … 108, 110
フリーハンド … 106
プレビューウィンドウ … 194
分割 … 88
文書パネルウィンドウ … 5
ページコントロール … 5
ページサムネール … 26, 140
ページ指定 … 136
ページナビゲーション … 24
ページを指定 … 24, 136, 140
返信 … 170
ポスター … 152

ま行

マーキーズーム … 20
「見開きページでスクロール」モード … 29
「見開きページ表示」モード … 29
向きを変更 … 30, 126
メールアドレス … 120
メニューバー … 5
目次 … 110
モバイルリンク … 202

や行

読取革命 … 243

ら行

ラインマーカー … 102
領収書 … 72
両面印刷 … 142, 148
両面読み取り … 74
ロック … 206
ロックを解除 … 208

索引

英字

- ABBYY FineReader ………… 242
- Acrobat Reader ………… 16, 224
- Adobe Acrobat ………… 84, 225
- Adobe Acrobat（スマートフォン版）… 244
- Adobe Reader Touch ………… 237
- Android ………… 198, 252
- CamScanner ………… 80, 248
- ConcatPDF ………… 233
- CubePDF ………… 228
- CubePDF Utility ………… 88, 229
- Docs To Go - Free Office Suite … 245
- Dropbox ………… 186, 188
- Evernote ………… 190
- Excel ………… 58, 176
- Foxit J-Reader ………… 78, 128, 234
- FreeMyPDF.com ………… 213
- Googleスプレッドシート ………… 82
- Googleドキュメント ………… 82
- Googleドライブ … 82, 160, 180, 200
- Icecream Ebook Reader ………… 241
- iPhone ………… 196, 250
- JPdfBookmarks ………… 240
- MetaMoJi Note Lite ………… 246
- Mobile Link ………… 202
- netprint ………… 249
- OCR ………… 66
- OCRソフト ………… 68
- pdf_as ………… 239
- PDF Compressor ………… 172, 231
- PDForsell ………… 230
- PDF reDirect ………… 92, 238
- PDF Slim ………… 232
- PDF-XChange Viewer … 50, 226
- PDF変換サービス ………… 60, 174, 176
- ScanSnap ………… 64
- ScanSnap Folderの設定 ………… 71
- ScanSnap Organizer ………… 67
- SideBooks ………… 247
- URL ………… 120
- Web2PDF ………… 62
- Webページ ………… 62, 120
- Word ………… 56, 174
- Word to PDF Converter … 60, 174, 176

あ行

- アタッシェケース ………… 216
- 圧縮 ………… 172
- アップロード ………… 180
- 印刷 ………… 134
- インストーラー ………… 250, 252
- エクスプローラー ………… 192, 194
- 閲覧制限 ………… 206

か行

- 回転 ………… 30, 126
- 拡大／縮小 ………… 18
- 仮想プリンター ………… 78, 92, 128
- かんたんPDFダイエット ………… 236
- キーボード ………… 22
- 既定のプログラム ………… 166
- クリックスタンパー ………… 235
- 黒塗り ………… 218
- 結合 ………… 90
- 現在のページ ………… 138
- 検索 ………… 38, 40
- 検索パネル ………… 40
- コピー&ペースト ………… 32, 34, 36
- コメント ………… 42, 44, 46, 104
- コントラスト ………… 70
- コンビニプリント ………… 162

さ行

- しおり ………… 108
- 自炊 ………… 74
- 自動スクロール ………… 48
- 出力サイズ ………… 146

お問い合わせについて

本書に関するご質問については、本書に記載されている内容に関するもののみとさせていただきます。本書の内容と関係のないご質問につきましては、一切お答えできませんので、あらかじめご了承ください。また、電話でのご質問は受け付けておりませんので、必ずFAXか書面にて下記までお送りください。
なお、ご質問の際には、必ず以下の項目を明記していただきますようお願いいたします。

1 お名前
2 返信先の住所またはFAX番号
3 書名（今すぐ使えるかんたん文庫
　　　 PDF 仕事がはかどる！
　　　 効率UP術）
4 本書の該当ページ
5 ご使用のOSのバージョン
6 ご質問内容

なお、お送りいただいたご質問には、できる限り迅速にお答えできるよう努力いたしておりますが、場合によってはお答えするまでに時間がかかることがあります。また、回答の期日をご指定なさっても、ご希望にお応えできるとは限りません。あらかじめご了承くださいますよう、お願いいたします。
ご質問の際に記載いただきました個人情報は、回答後速やかに破棄させていただきます。

問い合わせ先

〒162-0846
東京都新宿区市谷左内町 21-13
株式会社技術評論社　書籍編集部
「今すぐ使えるかんたん文庫
　PDF 仕事がはかどる！
　効率UP術」質問係
FAX番号 03-3513-6167

URL：http://book.gihyo.jp

■ お問い合わせの例

FAX

1 お名前
技術　太郎

2 返信先の住所またはFAX番号
03-XXXX-XXXX

3 書名
今すぐ使えるかんたん文庫
PDF　仕事がはかどる！
効率UP術

4 本書の該当ページ
61ページ

5 ご使用のOSのバージョン
Windows8.1

6 ご質問内容
本書と同じ画面が出てこない

今すぐ使えるかんたん文庫
PDF　仕事がはかどる！　効率UP術

2015年6月25日　初版　第1刷発行

著　者●リンクアップ
発行者●片岡　巌
発行所●株式会社　技術評論社
　　　　東京都新宿区市谷左内町 21-13
　　　　電話　03-3513-6150　販売促進部
　　　　　　　03-3513-6160　書籍編集部

編集・DTP●リンクアップ
装丁●菊池　祐（株式会社ライラック）
本文デザイン●株式会社ライラック
担当●石井　亮輔
製本・印刷●株式会社加藤文明社

定価はカバーに表示してあります。

落丁・乱丁がございましたら、弊社販売促進部までお送りください。交換いたします。
本書の一部または全部を著作権法の定める範囲を超え、無断で複写、複製、転載、テープ化、ファイルに落とすことを禁じます。

©2015 リンクアップ

ISBN978-4-7741-7338-2 C0104
Printed in Japan